그림책을 활용한 영유아교사 역량강화 프로젝트:

행복한 교육공동체를 위한 교사 힐링 프로그램

김정원 · 정나나 · 나혜영 · 원유민 · 최정안 · 이리안 · 김가람 · 심채은 지음

창지사

이 출판물은 2022학년도 한국성서대학교 대학혁신지원사업의 지원을 받아 수행된 연구임

프롤로그: 여행을 시작하며

어린아이들을 사랑하는 마음으로 짧지 않은 기간 동안, 혹은 그리 길지 않은 기간 동안 아이들을 보살피고 교육하고 있는 영유아교사들에게 요즈음처럼 어려웠던 시간이 있었을까 싶습니다. 최근 몇 년 동안 우리가 살아가면서 일반적으로 예상하고 기대할 수 있었던 차원을 넘어서는 힘든 일들이 지속적으로 벌어지고 있습니다. 그런 시간을 겪으면서 이제 더 이상은 지탱할 수 없을 정도의 힘듦으로 주저앉고 싶다는 교사들의 이야기를 들으며 마음이 아린 기억이 있습니다.

하루의 일과를 마치고 교실 문을 나서면서 문득 고개를 들어 하늘을 올려다본 적이 있으신가요? 해가 넘어가며 어둠이 깔리는 어느 해 질 녘에 길을 나서다가 그냥 이유 없이 눈물이 왈칵 쏟아진 적은 혹시 없으셨나요? 간신히 힘겹게, 그렇지만 최선을 다해서 오늘을 살아냈지만, 이런 하루하루 반복되는 일상의 끝에는 무엇이 있을지 문득 두려움 비슷한 감정이 들어 힘든 기억이 있지는 않으신지요?

그래서 잠시 떠나보면 어떨까 합니다. 문득 밀려오는 헛헛함과 허무함에 무너질 수는 없으니까요. 잊고 있던 나를 돌아보고 나를 찾아 떠나는 여행, 나를 위로하고 나의 향기를 담아보는 여행, 나를 위한 한 잔의 허브티와 작은 정원을 만들며 다시 평안한 일상을 회복하기 위한 힘을 얻는 여행…이런 여행을 떠나볼까요?

이 책에는 어린이집과 유치원에서 어린아이들을 가르치는 이 세상에서 가장 소중하고 귀한 역할을 감당하고 있는 교사들을 위한 이야기와 활동을 담았습니다. 힘든 시간을 묵묵히 견뎌내며 자신에게 주어진 시간을 성실하게 채워가고 있는 선한 교사들이 좋은 그림책을 읽으며 위로를 받았으면 좋겠습니다. 그림책의 이야기와 맥이

닿아 있는 여러 활동을 하면서 잠시라도 쉼을 누리는 여유를 가지면 좋겠습니다. 그리고 다시 일상의 감사함을 찾고 회복의 기쁨을 누릴 수 있으면 좋겠습니다.

이 책은 세 번의 여행을 떠날 수 있도록 구성되어 있습니다. 각 여행마다 교사들에게 위로가 되는 그림책을 찾아서 소개하였습니다. 혼자 혹은 동료 교사들과 함께 그림책을 읽고 마음을 나눠보면서 스스로, 그리고 서로에게 위로가 되는 시간을 가질 수 있기를 바랍니다. 그리고 그림책의 이야기와 자연스럽게 연결이 되는 활동들을 넣었습니다. 상세하게 안내가 되어 있는 활동을 해보면서 무너져 가던 마음을 추스르고 선생님에게 내재되어 있는 강점을 찾아낼 수 있기를 바랍니다. 이러한 여정을 통해 교사가 되기로 마음먹었던 초심을 떠올리고 교사로서의 역량을 쌓아 갈 수 있을 것입니다.

자, 이제 여행을 시작해 볼까요? 이 여행을 마칠 즈음의 우리는 좀 더 평안한 마음을 갖게 되었을까요? 한숨 크게 쉬고 다시 내일을 기대할 수 있을 만큼 회복이 되었을까요? 그러기를 바라면서 잠시 틈을 내어 멈춰 설 수 있는 시간을 가져보길 바랍니다. 영유아교사라는 세상에서 가장 아름다운 역할을 기꺼이 감당하기로 마음먹은 선생님들 모두를 응원합니다.

2023년 봄날에,

저자를 대표하여 김정원

매뉴얼 활용 방법

이 작은 책에는 영유아교사라는 아름다운 역할을 감당하고 있는 교사들이 잠시 쉬면서 스스로를 돌아보고 회복하는 데 도움이 되는 다양한 활동들을 담았습니다. 이 책을 활용하는 방법을 간단히 알려드리면 다음과 같습니다.

1. 어떤 주제의 여행을 떠날지 선택하기

'첫 번째 여행: 나를 찾아 떠나기', '두 번째 여행: 나의 향기를 담아보기', '세 번째 여행: 평온한 일상 회복하기' 등 세 가지 주제 중 먼저 해보고 싶은 주제를 정해보세요. 어느 주제를 먼저 해보셔도 좋습니다. 원장님과 교사들이 의논해서 정하시면 됩니다.

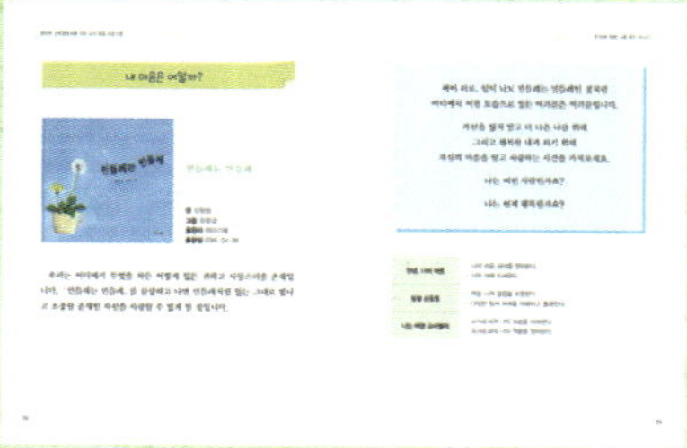

2. 그림책을 찾아서 감상하기

각 주제별로 소개되어 있는 그림책을 찬찬히 감상해보는 시간을 가집니다. 여유로운 마음으로 그림책을 한 장 한 장 넘기면서 그림과 글을 마음으로 읽고 새겨보세요. 그림책의 글과 그림이 일상으로 지친 선생님들에게 위로의 메시지를 전해드릴 것입니다.

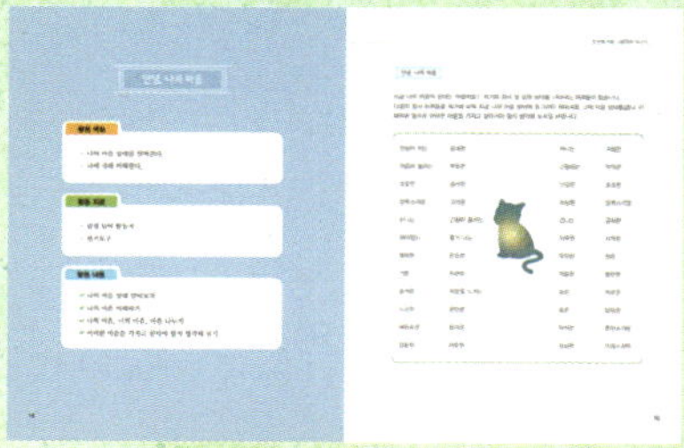

3. 활동해 보기

각 주제별로 작은 주제들이 2~3가지씩 들어 있습니다. 작은 주제 아래 구체적인 활동의 내용과 활동 방법 등을 상세히 적어놓았으니 그대로 해보시면 됩니다.

★ 각 영유아교육기관의 교원복지를 맡으신 선생님들이 계시지요? 구하기 그리 어렵지 않은 준비물과 구입 방법도 안내해드렸으니 그대로 찾아서 준비하시면 됩니다.

★ 모든 활동은 직접 편하게 해보실 수 있도록 상세한 활동 방법을 적어놓았습니다. 그냥 한 번 해보셔도 좋고, 선생님들과 함께 활동의 방법을 살짝 바꿔보아도 재미있을 것입니다.

★ 활동지나 활동 방법 등은 큐알코드를 만들어 넣어 놓았습니다. 실제 활동 방법이 보고 싶으실 경우 활용할 수 있습니다. 활동지나 활동자료를 선생님들 각자 출력해서 사용할 수 있도록 넣어 놓았으니 편하게 활용해 보시길 바랍니다.

4. 활동 결과 공유하기

활동을 마치셨나요? 어떤 마음이 드셨나요? 어떤 생각을 동료 선생님들과 나누고 싶으신지요? 마음을 열고 나누며 마음의 평안을 찾아 누릴 수 있기를 바랍니다.

첫 번째 여행 :
나를 찾아 떠나기

내 마음은 어떨까?

- 안녕, 나의 마음
- 감정 신호등
- 나는 어떤 교사일까

이대로가 딱 좋아

- 내가 바라보는 나
- 지금의 내가 좋아
- 나는 이런 사람!

내가 나에게, 네가 나에게

- 바다는 나에게
- 감정 타임캡슐
- 네가 나에게

내 마음은 어떨까?

민들레는 민들레

글 김장성
그림 오현경
출판사 이야기꽃
출판일 2014-04-28

우리는 어디에서 무엇을 하든, 어떻게 있든 귀하고 사랑스러운 존재입니다. 「민들레는 민들레」를 감상하면서 민들레처럼 있는 그대로 빛나고 소중한 존재인 자신을 사랑할 수 있게 되기를 바랍니다.

싹이 터도, 잎이 나도 민들레는 민들레인 것처럼
어디에서 어떤 모습으로 있든 '나'는 '나'입니다.

자신을 잃지 말고 더 나아질 나를 위해
그리고 더 행복한 내가 되기 위해
자신의 마음을 알고 사랑하는 시간을 가져보세요.

나는 어떤 사람인가요?

나는 언제 행복한가요?

안녕, 나의 마음	– 나의 마음 상태를 알아본다. – 나에 대해 이해한다.
감정 신호등	– 매일 나의 감정을 표현한다. – 다양한 정서 어휘를 이해하고 활용한다.
나는 어떤 교사일까	– 교사로서의 나의 모습을 이해한다. – 교사로서의 나의 역량을 알아본다.

『민들레는 민들레』

제목: 그럼에도 불구하고 넌 변함없이 소중해!

그림책 표지에는 푸른 하늘을 배경으로 홀씨를 날리는 민들레가 있습니다. 그림책 전체의 녹색, 노랑, 하양 색조의 일러스트레이션이 담담하고 포근한 느낌으로 다가옵니다. 이 그림책에는 홀씨 하나로 시작하여 싹이 트고, 민들레로 자라서 다시 홀씨가 되어 바람을 타고 날아가 땅으로 돌아오는 민들레의 이야기가 담겨 있습니다.

외진 곳이나 초원, 보도블록 틈새에서도, 혹은 표지에서 보이듯 작은 깨어진 컵 속에서도 뿌리를 내리고 고운 노란 꽃을 피워내는 민들레의 강인함이 잔잔한 감동으로 다가옵니다.

어린아이들을 가르치는 선생님들은 작고 어렵게 시작하지만 결국에는 뿌리를 내리고 마침내 꽃을 피워내는 민들레를 닮았습니다. 어린 영혼들을 지키고 가르치는 선생님들이 어려운 여건 속에서도 꽃을 피워내는 민들레같이 힘차게 매일의 삶을 살아내기를 바랍니다.

01 문장을 완성해보세요.

"내가 가장 행복한 순간은 ______________________________"

"지금 나에게 자유시간이 주어진다면 ______________________________"

"혼자 있을 때 나는 ______________________________"

"영유아와 함께 있을 때 나는 ______________________________"

"주변사람과 갈등이 생길 때 나는 ______________________________"

"내가 가장 기다리는 것은 ______________________________"

02 그림책을 감상하고 가장 인상 깊은 장면이나 문구를 그리거나 써보세요.

03 나에게 해주고 싶은 응원의 메시지를 작성해보세요.

예 누가 뭐래도 OOOO이는 OOOO이!

안녕, 나의 마음

활동 목표

- 나의 마음 상태를 알아본다.
- 나에 대해 이해한다.

활동 자료

- 감정 단어 활동지
- 필기도구

활동 내용

- 나의 마음 상태 알아보기
- 나의 마음 이해하기
- 나의 마음, 너의 마음, 마음 나누기
- 어떠한 마음을 가지고 살아야 할지 생각해 보기

안녕, 나의 마음

지금 나의 마음의 상태는 어떨까요? 여기에 정서 및 감정 상태를 나타내는 어휘들이 있습니다.
다음의 정서 어휘들을 체크해 보며 지금 나의 마음 상태에 동그라미 해보세요.
나의 마음 상태를 알고 이해하여 앞으로 어떠한 마음을 가지고 살아가야 할지 생각해 보시길 바랍니다.

안심이 되는	상쾌한	화나는	귀찮은
마음이 놓이는	뿌듯한	긴장되는	막막한
흐뭇한	감사한	난감한	초조한
만족스러운	고마운	속상한	당혹스러운
신나는	긴장이 풀리는	겁나는	공허한
재미있는	용기 나는	지루한	서먹한
행복한	든든한	무안한	힘든
기쁜	후련한	억울한	불안한
즐거운	희망을 느끼는	놀란	외로운
느긋한	편안한	슬픈	답답한
여유로운	정겨운	아쉬운	혼란스러운
감동한	따뜻한	섭섭한	걱정스러운

감정 신호등

활동 목표

– 매일 나의 감정을 표현해본다.
– 다양한 정서 어휘를 이해하고 활용한다.

활동 자료

– 정서점검표(mood meter)
– 내가 사용하는 달력 또는 감정 달력
– 나의 감정 색을 나타낼 다양한 그리기 도구

활동 내용

- 정서점검표(mood meter) 알아보기
- 감정 달력 작성 방법 알아보기
- 오늘 내가 느낀 감정 표현하기
- 한 달 후 감정 신호등 달력 돌아보기
- 가장 기억에 남는 감정 이야기 나누기

감정 신호등

정서점검표(mood meter)라고 들어보신 적 있으신가요?

정서점검표(mood meter)는 매일 느끼는 자신의 감정을 인식하고 측정할 수 있는 도구입니다. 유쾌함과 에너지를 기준으로 4가지 색깔로 정서를 구분하고, 그 정도에 따라 세분화하여 64가지의 정서 어휘를 제시하고 있습니다. 이를 통해 현재 자신의 정서 상태가 어디쯤에 있는지 시각적으로 파악할 수 있고, 그 위치에 해당하는 정서 어휘를 확인할 수 있습니다.

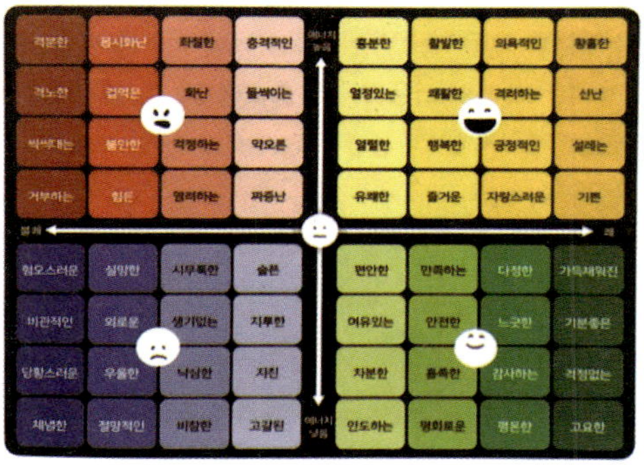

정서점검표(mood meter)

출처: 김정원 외(2021), 유아사회교육, p.135.

빨간색: 에너지가 높고 불쾌한

노란색: 에너지가 높고 유쾌한

파란색: 에너지가 낮고 불쾌한

초록색: 에너지가 낮고 유쾌한

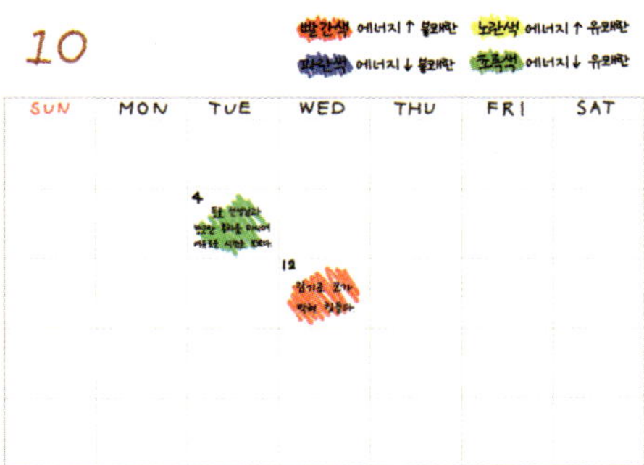

감정 달력

QR 코드를 통해 달력을 출력하신 후
정서점검표를 참고하셔서 감정 달력을
채워보세요

예 감기로 코가 막혀 힘들다.

힘든

정서점검표, 감정 달력

참조 2 QR 코드 사용방법

감정 신호등

오늘 선생님의 감정은 무슨 색인가요? 어제의 감정은 어떠하였나요?
나의 감정이 어떤지 신경 쓰기에는 너무 바쁜 요즘입니다.
오늘부터 휴식 시간 또는 퇴근 전 잠깐의 시간을 내어 달력에 선생님의 감정 색을 칠하여 보세요.
긍정적인 감정이든 부정적인 감정이든 괜찮습니다. 솔직한 자신의 감정을 표현해보세요.

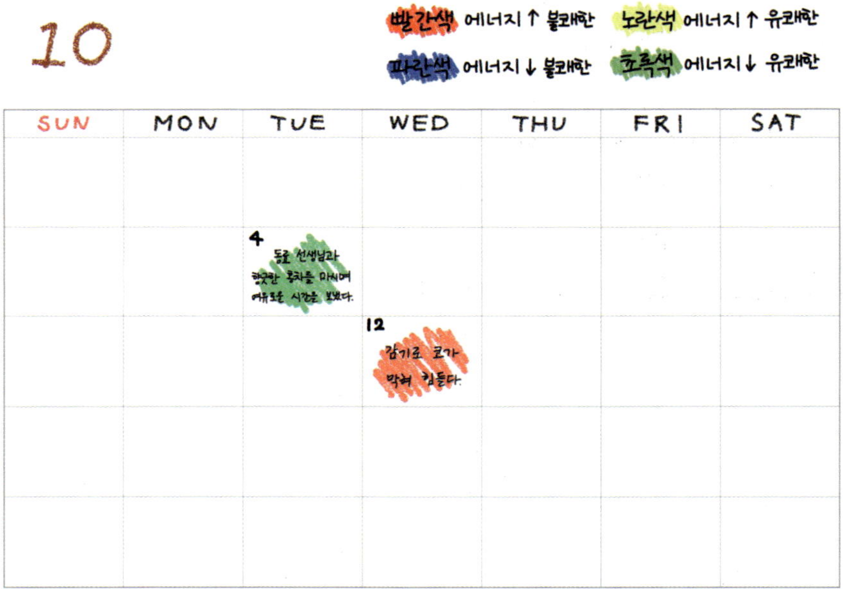

한 달이 지난 후 다 채워진 나의 감정 달력을 보며
어떤 감정을 주로 느꼈는지 돌아보는 시간을 가져보세요.
그리고 가장 기억에 남는 감정에 대해 동료와 이야기해보세요.

나는 어떤 교사일까

활동 목표

- 교사로서의 나의 모습을 이해한다.
- 교사로서의 나의 역량을 알아본다.

활동 자료

- 핸드폰
- '동물로 알아보는 선생님 유형 테스트' QR 코드

활동 내용

- 나는 어떤 교사인지 생각해 보기
- 동물로 알아보는 선생님 유형 테스트하기
- 나에게 필요한 교사로서의 역량에 대해 이야기 나누기

나는 어떤 교사일까

내가 보는 교사로서의 나의 모습과 다른 사람들이 보는 교사로서의 나의 모습은 어떨까요?
당신은 만능 재주꾼인 고양이 같은 교사인가요? 아니면 리더십 있는 보더콜리 같은 교사인가요?
휴대폰으로 QR 코드를 스캔하여 간단한 테스트(동물로 알아보는 선생님 유형)를 통해 나는 어떤 교사인지 알아보세요.

01 내가 생각하는 교사로서의 나의 모습을 체크해 보세요.

타고난 일머리	자신감	깔끔한	추진력	솔직한
분석적	유쾌함	쾌활함	도전정신	한결같은
예의가 바른	꼼꼼한	차분한	겸손한	여유로운
표현을 잘하는	공손한	민첩한	조화로운	감수성이 풍부한
인기있는	독특한	독창적	영리한	온정이 많은
적응력	자기애	수용적	여유로운	완벽주의적
배움이 빠름	말재주	개방적	열정적인	느긋한

02 QR 코드로 '동물로 알아보는 선생님 유형 테스트' 후 나의 유형을 이야기해보세요.

나는 ____________________ 같은 교사입니다.

동물로 알아보는 선생님 유형 테스트

나는 어떤 교사일까

〈동물로 알아보는 선생님 유형 테스트 결과표〉

우리들의 지도자 보더콜리 선생님

타고난 일머리로 어떤 일이든 자신감 있고 깔끔하게 처리해요. 객관적이고 공정하며 한결같아요. 굳건한 의지를 가지고 있어 한번 계획하면 추진력이 탁월해요. 논리적이고 분석적이며 기초가 탄탄해요. 강한 경쟁의식을 가지고 있어 권위적으로 보일 때도 있어요. 냉정하지만 내가 속한 조직에 헌신적이에요. 유쾌하며 쾌활하여 사람들이 잘 따라요. 우리들의 리더 보더콜리 선생님.

만능 재주군 고양이 선생님

고상하고 뛰어난 관찰력을 가진 재주꾼 고양이 선생님, 변화에 적응을 빠르게 하고 자기애가 강해요. 수용적이고 너르러운 마음을 가지고 있어요. 타인의 가치관을 존중하는 융통성 있는 성품을 가지고 있어요. 그래서인지 남에게 싫은 소리를 잘 하지 못해요. 항상 겸손하고 작은 것에 행복을 느껴요. 눈치가 굉장히 빠르지만 잘 속기도 해요.

인기쟁이 말 선생님

다정하고 친절해요. 여유롭고 조화로운 인간관계를 가지고 있어요 예의가 바르고 공손하며 타인과 행복을 공유하길 좋아해요. 행동이 민첩하고 감정 표현을 잘 해요. 분명한 목적의식을 가지고 있어 계획을 잘 세워요. 감수성이 풍부하며 주위 사람을 잘 챙겨요. 잔 걱정이 많고 남 눈치를 잘 보기도 해요. 리액션이 풍부해서 사람들이 좋아해요. 우리들의 인기쟁이 말 선생님

자유롭고 즐거운 사교 왕 원숭이 선생님

독특하고 독창적입니다. 재능이 많고 민첩하며 영리해요. 온정이 많고 사려가 깊어요. 자신에 대한 강한 믿음을 가지고 있어 난관에 처해도 극복을 잘 해요. 감수성이 풍부하여 상처를 잘 받기도 하고 외로움을 잘 느끼기도 해요. 귀가 얇은 편이지만 인식능력과 통찰력이 뛰어요. 탁월한 공감 능력이 있어 인기가 많아요. 샘솟는 아이디어로 무장한 우리들의 사교왕 원숭이 선생님

이상주의자 앵무새 선생님

순수하고 이타적이에요. 항상 열정적이며 진실하고 성실해요. 창의력과 상상력이 뛰어나고 개방적이에요. 감수성이 풍부한데 심각할 때가 많아요. 친구 사귀는데 까다롭지만 친절하고 다정다감합니다. 언어적 소질이 뛰어나고 소확행을 즐겨요. 우리의 무한 긍정 앵무새 선생님.

자유로운 영혼 돌고래 선생님

느긋하고 여유로워요. 낙천적이고 쾌활하며 재치가 있어요. 삶에 대한 뜨거운 열정을 가지고 있어요. 현실적이고 실리적이지만 세상을 아름답게 바라봐요. 지루한 건 참기 힘들고 쉽게 질려요. 뛰어난 미적 감각이 있고 솔직담백해요. 다른 사람 돕는 것을 좋아하고 단순하거나 자유로운 것을 즐겨요. 자유로운 영혼 돌고래 선생님

출처: (https://mbtitest77.netlify.app/)

참조1 내 마음은 어떨까?

무료로 사용할 수 있는 웹심리검사 및 자가진단테스트를 소개합니다.
나에 대해 더 궁금하고 알아보고 싶으신 분들을 위해 추천합니다.
QR 코드를 통해 다양한 유형의 검사를 자유롭게 이용해보세요.

웹심리검사

1. 정서안정성 검사
2. 화내기 유형 검사
3. 삶의 관점 척도 검사
4. 우울 검사
5. 일반화된 불안검사

출처: 사이버1388 청소년상담센터
(http://www.cyber1388.kr/new_/counsel2_/CatExpl/CatExplDServ.asp?id=self_emotion&catid=6)

자기진단테스트

1. 우울증 검사
2. 스트레스 검사
3. 고독감 검사
4. 번아웃증후군 검사

출처: 심리상담센터 마음소풍
(https://www.maum-sopoong.or.kr/inspect_selftest)

참조2 QR 코드 사용방법

핸드폰의 카메라 앱과 네이버 앱을 사용하여 QR 코드를 인식하는 방법입니다.
안드로이드와 아이폰 모두 동일한 방법으로 사용 가능합니다.

카메라 앱을 사용한 QR 코드 사용방법

1. 카메라 앱을 눌러 실행합니다.
2. 카메라가 QR 코드를 인식할 수 있을 정도로 가까이 대줍니다.
3. 핸드폰 화면에 인터넷 주소가 생성되면 클릭하여 해당 사이트로 들어갑니다.

네이버 앱을 사용한 QR 코드 사용방법

1. 네이버 앱을 눌러 실행합니다.
2. 핸드폰 화면 하단 중앙에 있는 동그라미 모양 버튼을 누릅니다.
3. QR, 바코드 탭을 눌러 실행합니다.
4. 생성된 QR 코드 인식 창으로 QR 코드를 인식합니다.
5. 생성된 인터넷 주소를 클릭하여 해당 사이트로 들어갑니다.

이대로가 딱 좋아

도시 악어

글 글라인 · 이화진
그림 루리
출판사 요요
출판일 2022-01-19

높은 빌딩, 수많은 사람, 소음 가득한 도시의 풍경 속에서 저마다 세상의 기준에 맞추려고 맞지 않는 옷을 입고 나를 바꾸며 애쓰는 사람들이 있습니다. 그 안에서 느끼는 고독과 혼돈, 절망의 감정이 고스란히 전해집니다. 그리고 마침내 있는 그대로의 자신을 인정하며 받아들이는 도시 악어의 모습을 보며 마음의 평안을 느낄 수 있습니다.

'도시 악어'처럼 나와 맞지 않는 '무언가'가 되기 위해 애쓰며,
있는 그대로의 나를 잊은 채 살고 있지는 않으신가요?

행복한 내가 되기 위해
있는 그대로의 나를 받아들이고 표현하는 시간을 가져보세요.

나의 어떤 모습을 가장 소중하게 생각하나요?

왜 그 모습을 소중하게 여기나요?

내가 바라보는 나	– 내가 보는 나의 이미지를 생각해 본다. – 가장 '나'다운 순간을 그릴 수 있다.
지금의 내가 좋아	– 어떤 모습이든 지금의 나를 사랑한다. – 현재를 소중히 여기며 감사한다.
나는 이런 사람!	– 세상에 하나뿐인 나만의 명함을 디자인한다. – 나를 소개하는 명함을 만들어본다.

『도시 악어』

제목: 있는 그대로 나답게...

그림책을 보면 악어 본인의 의지로 된 건 없어요. 도시로 오는 그 순간부터, 물에 빠질 때까지 다른 사람들에 의해서 그 상황으로 떠밀렸어요. 악어가 물이 아닌 도시에 살고 싶었을까요? 우리도 살아가면서 내 의지대로 할 수 없는 많은 일들을 겪고 있지요?

MZ세대도 다른 사람의 시선에서 완전히 자유롭긴 어렵습니다. 수중 생활을 해야 하는 악어가 도시로 와서 '사회 부적응자'로 살아가는 모습을 보니 어쩌면 사회에서 '괜찮은 사람'으로 평가되기 위해 버둥대는 우리들의 모습이 아닐까 하는 생각이 들었습니다.

다른 사람과 비슷하게 혹은 더 좋은 사람으로 보이기 위해 진짜 나의 모습은 잃어버릴 때가 많잖아요. 남들은 인정하지 않더라도, 나는 아끼고 받아들여야 할 나의 모습이 있어요. 악어는 마지막 페이지에 이르러 "나는 내 꼬리가 부끄럽지 않아"라고 말한 뒤에야 행복해 보입니다.

"도시 악어야. 너로 살아. 그냥 악어인 너로…나도 그렇게 살게. 그냥 나로… 우리 그렇게 살자."

오늘도 남의 시선이나 평가에 맞추기 위해서 참다운 나를 포기하지 말기를 바랍니다. 나를 있는 그대로의 모습으로 바라보세요. 그래야 진정한 행복을 찾을 수 있습니다. 오늘도 그냥 나로 우리 그렇게 살아보아요. "나는 ○○이야"

내가 보는 나의 모습을 글 또는 그림을 그림으로 표현해 보세요.

내가 바라보는 나

활동 목표

– 내가 보는 나의 이미지를 생각해 본다.
– 가장 나다운 순간을 그려본다.

활동 자료

– 마인드맵 활동지
– 핸드폰, 자신의 얼굴 사진
– 캔버스, 먹지, 볼펜, 붓, 젯소, 아크릴물감, 팔레트, 물통

활동 내용

- 자신의 이미지 떠올려보기
- 마인드맵 작성하기
- 자화상 그리기

내가 바라보는 나

〈마인드맵〉

마인드맵(mind map) 이란?
마음속에 지도를 그리듯이 줄거리를 이해하며 정리하는 방법입니다.

'나'를 생각하면 떠오르는 것이 있나요?
단어가 될 수도, 닮은 것이 될 수도 있을 것 같습니다.
내가 바라보는 나는 어떤 사람인지 자신의 이미지를 떠올려보며 마인드맵을 작성해 보세요.

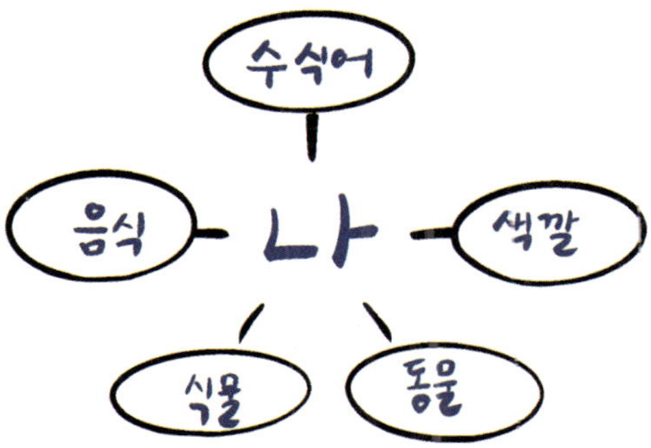

마인드맵 활동지

내가 바라보는 나

〈자화상 그리기〉

자화상이란 자기 자신의 모습을 스스로 그린 그림입니다.

자화상을 그리면?

① 나를 주의 깊게 들여다볼 수 있다.

② 나도 몰랐던 새로운 모습, 나의 장점 등을 발견할 수 있다.

③ 외면의 관찰을 통해 자신의 내면을 성찰할 수도 있다.

④ 나를 표현하고 자신감을 가질 수 있다.

⑤ 무언가에 집중하는 경험을 할 수 있다.

마인드맵에 작성한 나의 이미지를 담아

지금 들고 있는 필기도구로 가볍게 스케치해 보세요.

내가 바라보는 나

〈자화상 그리기〉

준비물: 캔버스, 먹지, 볼펜, 붓, 젯소, 아크릴물감, 팔레트, 물통

이제 본격적으로 캔버스에 자화상을 그려볼까요?

1단계 젯소를 칠한다.

젯소(Gesso)는 석고와 아교를 섞어서 만든 미술 재료로 그림을 그리기 전에 칠하면 그림의 발색이 좋아지고, 물감이 캔버스에 견고하게 착색되도록 도와준다.

그림이 변하지 않게 하는 보존제 역할도 한다.

젯소를 종이컵에 필요한 만큼 덜어 넓고 납작한 붓으로 그림을 그리기 전 캔버스에 바르고 30~60분 정도 말린다.

2단계 자신의 얼굴 스케치 사진을 준비한다.

1. 앱 다운로드 방법

〈iOS〉

스케치 효과 – 사진 편집기

〈Android〉

스케치 사진 – Pencil Sketch

앱스토어/구글플레이 접속

↓

스케치 효과 사진 편집기/스케치 사진 편집 검색

↓

스케치 효과 사진 편집기/스케치 사진 – Pencil Sketch 앱 설치

내가 바라보는 나

2. 스케치 효과 - 사진 편집기 앱 사용방법

① 갤러리를 눌러 그리려는 사진을 선택한다(사진은 정면샷이 그리기 쉬우며 화질이 좋은 사진일수록 도안 선 그리기가 쉽다).

② 선택한 사진의 스케치 정도를 조절한다. 왼쪽으로 갈수록 선이 선명해지고 오른쪽으로 갈수록 흐려진다.

③ 스케치로 편집한 사진을 저장한다.

④ 사진을 원하는 크기로 출력한다.

내가 바라보는 나

3단계 먹지와 사진을 이용하여 캔버스에 자신의 얼굴을 그린다.

① 캔버스 위에 먹지의 검은 부분이 바닥을 향하게 올리고 출력한 사진을 올린다.

② 종이가 밀리지 않도록 테이프로 고정한다.

③ 볼펜으로 사진 테두리를 따라 그린다.

④ 사진과 먹지를 떼면 밑그림이 나온다.

내가 바라보는 나

4단계 자화상에 색을 칠한다.

* 밝은 색부터 점점 어두운 색 순으로 색을 칠한다.

자화상을 그려보니 어떤가요?

'ㅇㅇ야 수고했어', '넌 웃는 모습이 예뻐', '지금처럼만 행복하자' 등

내가 나에게 해주고 싶은 말을 적어보세요.

"　　　　　　　　　　　　　　　　　　　　"

지금의 내가 좋아

활동 목표

- 어떤 모습이든 지금의 나를 사랑한다.
- 현재를 소중히 여기며 감사한다.

활동 자료

- 핸드폰 카메라, 삼각대, 폴라로이드나 필름 카메라 중 택1
- 추천 포즈 이미지

활동 내용

- 사진 찍는 이유 알아보기
- 사진 포즈 추천하기
- 내 모습 사진으로 남기기

지금의 내가 좋아

하나 둘 셋 찰칵

지금 자신의 모습이 어때 보이나요?

행복해 보이나요? 힘들어 보이나요?

사진을 찍으면 지금의 내가 어떤 상태인지 알 수 있습니다.

지금, 이 순간을 담은 사진 한 장,

시간이 흐른 뒤 다시 보았을 때 그날의 추억을 떠올릴 수 있을 거예요.

지금의 내가 좋아

〈사진 포즈 추천〉

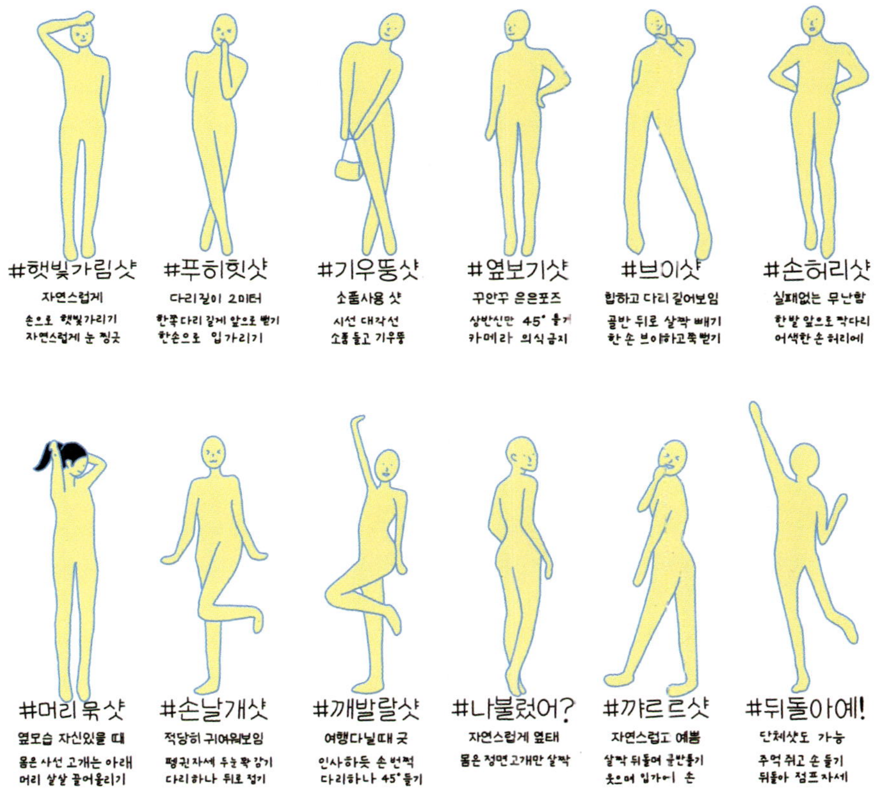

이 중에 어떤 포즈로 사진을 찍어볼까요?

____________ # ____________ # ____________ # ____________

나는 이런 사람!

활동 목표

- 세상에 하나뿐인 나만의 명함을 디자인한다.
- 나를 소개하는 명함을 만들어본다.

활동 자료

- 미리캔버스 명함 만들기 사이트 QR 코드
- 이면지, 기름종이, 먹지 등 스케치할 수 있는 자료
- 다양한 도구(연필, 펜, 색연필, 사인펜, 모양 스티커)

활동 내용

- 명함에 대하여 알아보기
- 명함에 필요한 요소 찾아보기
- 나만의 명함 디자인하기

나는 이런 사람!

〈명함에 대하여 알아보기〉

명함

이름, 주소, 직업, 신분 따위를 적은 종이
처음 만난 사람에게 자신의 신상을 알리기 위하여 사용한다.

〈명함에 필요한 요소 찾아보기〉

우리에게 명함이 필요한 이유는 무엇일까요?

* 서로에 대한 자세한 정보 교환을 위함이다.
* 서로를 알아가는 행위의 중요한 수단이다.
* 사람과 사람이 처음 만날 때 필요한 수단이다.

명함에 들어가는 필수 요소

* 명함의 크기: 90×50mm
* 두께: 200~250g
* 명함의 요소:

이름, 직책, 연락처 (유선전화/핸드폰/팩스/이메일 등)
기관명과 로고, 주소와 약도, 기관 홈페이지

나는 이런 사람!

〈나만의 명함 디자인하기〉

나의 명함에는 ____________ 이/가 있으면 좋겠어요.

- ○ 내가 좋아하는 그림
- ○ 내가 좋아하는 책의 구절
- ○ 내가 좋아하는 장소의 사진
- ○ 나를 소개하는 재치 있는 문구

〈예시〉

실제 명함은 칸 안의 점선 크기에 맞추어 제작됩니다.

〈앞면〉

〈뒷면〉

나는 이런 사람!

명함의 필수 요소와 나만의 포인트 문구 또는 그림을 넣어 명함을 디자인해 보세요.

〈명함에 필요한 요소 찾아보기〉

〈앞면〉

〈뒷면〉

나는 이런 사람!

〈명함 제작 사이트 소개〉

미리캔버스 명함 제작 전문 사이트에서 나만의 명함을 만들어 주문할 수 있습니다.

① 미리캔버스 명함 사이트 검색
디자인 시작하기 클릭

② 원하는 명함 템플릿 선택

③ 명함 앞면 제작
어린이집 정보 작성
'요소' 클릭 후 필요한 일러스트 넣기

④ 명함 뒷면 제작
교사 정보 작성
'요소' 클릭 후 필요한 일러스트 넣기

출처: 미리캔버스

내가 나에게, 네가 나에게

파도는 나에게

글 · 그림 하수정
출판사 웅진주니어
출판일 2019-09-05

하루하루 반복되는 일상에서 쌓여만 가는 힘든 감정에 짓눌리는 날이 있습니다. 내가 한없이 작게 느껴져서 마음속 집으로 쏘옥 숨어 버리고 싶은 날, 나를 지탱해주고 있던 기둥이 무너지는 날, 그런 날에 꾸미지 않은 나를 있는 그대로 받아 주는 어딘가로 떠나고 싶어집니다. 넓은 바다를 보면 속이 뻥 뚫리는 기분, 철썩철썩 치는 파도가 내 마음을 어루만져 주는 느낌이 듭니다. 바다는 보는 것만으로 위로가 됩니다.

나도 눈치채지 못했던 나의 마음
내면 깊은 곳에서 들려오는 마음의 소리
바쁘다는 이유로 외면하면서 살지는 않았나요.

나의 마음을 돌아보고 보살필 줄 알 때
우리의 마음은 새로워지고 다시 일어날 용기가 생깁니다.

이제 당신의 마음과 인사하며 마주할 시간입니다.
나의 진짜 마음과 마주 보는 지금, 이 시간…
나의 행복을 찾아 여행을 떠나볼까요?

바다는 나에게	– 파도 소리를 들으며 마음을 위로할 수 있다. – 나만의 파도를 만들며 마음을 정화한다.
감정 타임캡슐	– 나의 마음의 소리를 솔직하게 표현한다. – 마음이 어떤지 들여다 보고 마음을 돌봐준다.
네가 나에게	– 나를 위한 선물을 주고 받는다. – 소소한 선물로 행복함과 안정감을 느껴본다.

『파도는 나에게』

제목: 나를 위로하는 중입니다.

매일 반복되는 일상을 살아가면서 벗어나고 싶은 생각이 드신 적이 있으시지요? 그냥 답답함에 숨 막히는 순간들도 있지 않으셨나요?

내가 한없이 작게 느껴져 어디론가 쏙 숨어 버리고 싶은 날, 그런 날 있잖아요. 지나치게 팽팽했던 마음의 줄이 툭 하고 끊어지는 것 같은 그런 날엔, 있는 그대로의 나를 받아 주는 자연 속으로 훌쩍 떠나고 싶어지죠?

잠시 멈춰 반복되는 일상을 벗어나고 싶다면, 푸른 바다와 파도의 소리가 들리는 것 같은 『파도는 나에게』 그림책을 읽어보세요. 한결같은 모습으로, 소리로 나에게 따스한 위로를 보내는 것 같은 파도의 소리를 들어보세요. 그리고 잠시 쉼표를 찍어보세요.

이제 조금 나아지셨나요?

너무 지쳐 힘들 때 잠시 멈춰서 밀려오고 밀려가는 파도를 보고, 소리를 들으며 위로받으시면 좋겠습니다.

01 파도는 나에게 무엇일까?

파도는 나에게 ______________________________이다.

파도는 나에게 ______________________________이다.

파도는 나에게 ______________________________이다.

02 마음이 요동치는 날이 있죠? 파도의 소리를 귀기울여 들어보세요. 오늘은 파도가 어떤 위로의 말을 해주었나요? 파도가 당신에게 들려준 이야기를 적어보세요.

바다는 나에게

활동 목표

- 파도 소리를 들으며 마음을 위로할 수 있다.
- 나만의 파도를 만들며 마음을 정화한다.

활동 자료

- 4×4 빙고판
- 일몰, 삼척 장호해변 QR 코드
- 캔버스, 아크릴물감, 붓, 스패츌러, 팔레트, 물통 등

활동 내용

- 내가 생각하는 바다를 상상해보기
- 파도의 소리를 따라가 보기
- 나의 마음속 바다 만나기
- 나와 어울리는 바다 찾아보기

바다는 나에게

〈내가 생각하는 바다를 상상해보기〉

"바다"하면 떠오르는 것은 무엇인가요?

빙고게임 방법

① '바다'하면 떠오르는 단어 적기. (예 조개껍데기, 갈매기, 과일 주스)

② 순서를 정한 후 돌아가며 단어 말하고 표시하기

③ 3줄 빙고가 완성되면 '바다!'라고 외치기

바다 빙고게임!

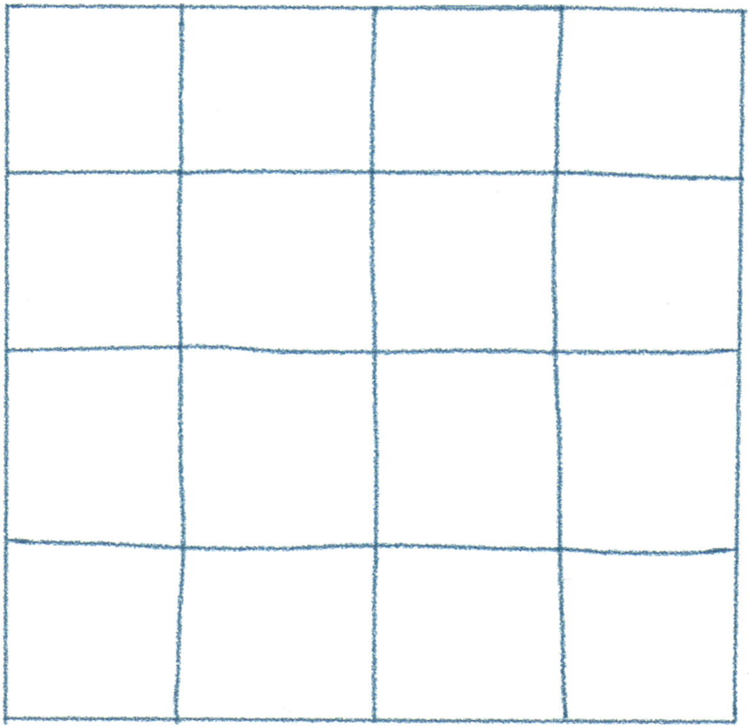

바다는 나에게

〈파도의 소리를 따라가 보기〉

파도란 '바다에 이는 물결'입니다.
파도의 소리를 들으며 잠시 바다에 다녀와 보세요.
출렁이는 바다의 물결을 보며 불안하고 무거운 마음은 내려놓고 편안함을 느껴보세요.

일몰

출처: EBS 10분 멍TV

삼척 장호해변

출처: EBS 10분 멍TV

파도 영상에서 무슨 소리가 났나요?

______

파도 소리를 들으니 어떤 느낌이 드나요?

______

파도는 어떤 색인가요?

______

바다'멍'은 여러분에게 어떠한 시간이었나요?

______

바다는 나에게

〈나의 마음속 바다 만나기〉

준비물: 캔버스 (), 아크릴물감(), 붓 · 스패출러()

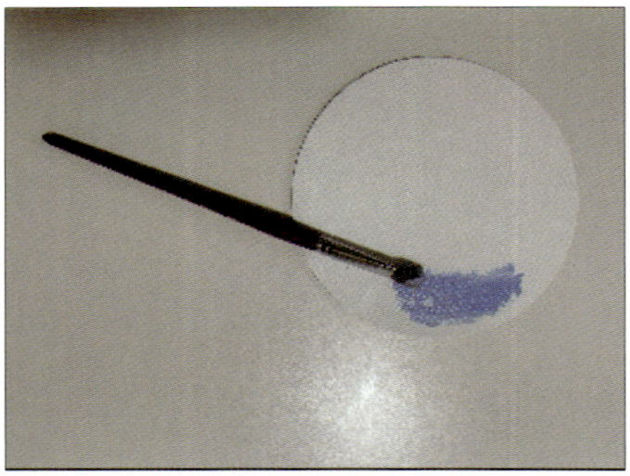

① 붓에 물감을 덜어 캔버스에 칠한다.

바다를 그릴 때 주로 사용하는 색: 흰색, 파란색, 군청색, 고동색 등 색깔을 섞어서 사용할 수도 있습니다.

② 내가 생각하는 바다 그림을 완성한다.

동료 선생님들과 함께 파도 소리를 들으며 바다 작품을 감상하는 건 어떨까요? 시원한 파도 소리가 마음을 상쾌하게 해줄 것입니다.

내가 그린 바다는 어떤 바다인가요?
'행복을 주는 바다', '슬픔을 씻어주는 바다' 등
바다의 이름을 붙여주세요.

"______________________바다"

바다는 나에게

〈나와 어울리는 바다 찾아보기〉

당신과 가장 잘 어울리는 우리나라 바다 여행지를 추천합니다.

인천 동막해변

#가족 #커플 #갯벌

이미지출처: 동막해변 사이트

강릉 경포대 해수욕장

#연인 #사진 #산책로

이미지출처: 강릉시 홈페이지

전남 신안군 우전 해수욕장

#가족 #커플 #볼거리

이미지출처: 신안군 문화관광 사이트

부산 해운대 해수욕장

#온 가족 #함께 #사진

이미지출처: 해운대 사이트

제주도 중문 색달 해수욕장

#서퍼 #어드벤처 #단체

이미지출처: 중문 색달 해수욕장 사이트

거제 망치몽돌 해수욕장

#온 가족 #몽돌 #한적함

이미지출처: 망치몽돌 해수욕장 사이트

감정 타임캡슐

활동 목표

– 나의 마음의 소리를 솔직하게 표현한다.
– 나의 마음의 변화를 알고 마음을 돌봐준다.

활동 자료

– 둥근캡슐
– 메모지, 필기도구, 매직, 테이프

활동 내용

- 타임머신을 타고 과거로 여행하기
- 안녕 나의 현재 만나기
- 더 행복한 미래로 떠나기

감정 타임캡슐

〈타임머신을 타고 과거로 여행하기〉

당신이 가장 행복했던 날은 언제인가요? 왜 행복함을 느꼈나요?
당신이 가장 슬펐던 날은 언제인가요? 왜 슬픔을 느꼈나요?
타임머신을 타고 당신의 과거로 떠나보세요.

타임머신을 타고 언제로 돌아갈까?

__________년 ________월 ________일

내가 가장 행복했던 날

내가 가장 슬펐던 날

감정 타임캡슐

〈안녕 나의 현재 만나기〉

타임머신을 타고 과거에 다녀오셨나요?
이제 다시 돌아올 시간입니다.
현재로 돌아온 당신에게 어떤 말을 해주고 싶으세요?
감정 타임캡슐에 스스로에게 하고 싶은 말을 적어보세요.

추천하는 캡슐 크기

32mm 크기	가장 작은 크기 작은 쪽지가 들어갈 수 있는 크기입니다.
50mm 크기	중간 정도의 크기 내용물이 선명하게 보이고 공간이 넉넉합니다.
65mm 크기	가장 커다란 크기 커다란 피규어도 들어갈 수 있는 크기이며 잃어버릴 걱정이 없는 크기입니다.

감정 타임캡슐

〈더 행복한 미래로 떠나기〉

미래의 내가 보게 될 감정 타임캡슐을 만들어요.

① 캡슐을 준비한다.

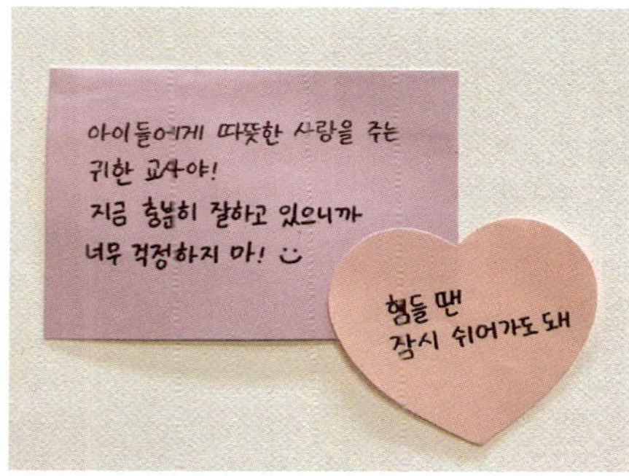

② 메모지에 현재의 나에게 해주고 싶은 말을 적는다.

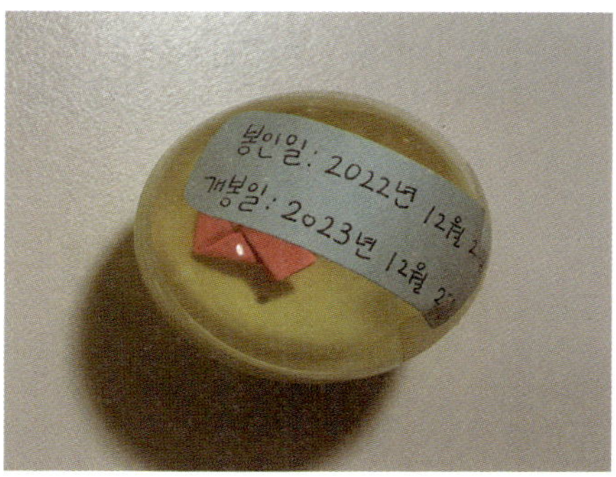

③ 봉인일과 개봉일을 적는다.

④ 나만의 타임캡슐을 꾸민다.

네가 나에게

활동 목표

– 선물을 주고받는다.

– 소소한 선물로 행복함과 안정감을 느껴본다.

활동 자료

– 종이, 필기도구

– 소소한 선물

활동 내용

- 마니또의 뜻과 유래 알아보기
- 마니또 종류 살펴보기
- 마니또 방법 생각해 보기
- 두근두근 마니또 시작하기

네가 나에게

〈마니또의 뜻과 유래〉

마니또는 스페인어의 'Manito'(매우 가까운 친구, 아주 친밀한 친구)라는 어원의 단어입니다.
비밀 친구를 뜻하기도 하며 제비뽑기를 하여 선정된 상대방에게 자신의 정체를 숨기고 편지나 선물, 선행 등을 제공합니다.
인간을 많이 사랑하는 그리스 신화의 '마니또'라는 시간을 관장하는 신이 인간에게 도움을 주기 위해 인간 세계로 와서 시간을 멈추거나 조정하는 일이 있었습니다. 제우스가 이를 문제 삼아 권한을 잃게 했고, 이후 사람들이 이 신을 기리기 위해 '마니또'라고 부르게 되었다는 유래가 있습니다.

〈마니또 종류〉

비공개 마니또
서로의 비밀 친구가 누구인지 밝히지 않고 진행하는 마니또

공개 마니또
서로의 비밀 친구가 누구인지 밝히고 진행하는 마니또

네가 나에게

〈마니또 방법〉

선행, 편지, 작은 선물 등을 전할 수 있어요!

토닥토닥 안아주고 격려하기

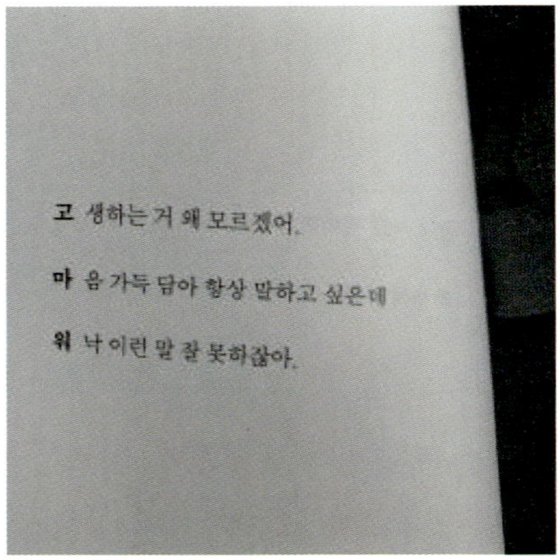

내가 좋아하는 글귀나 시

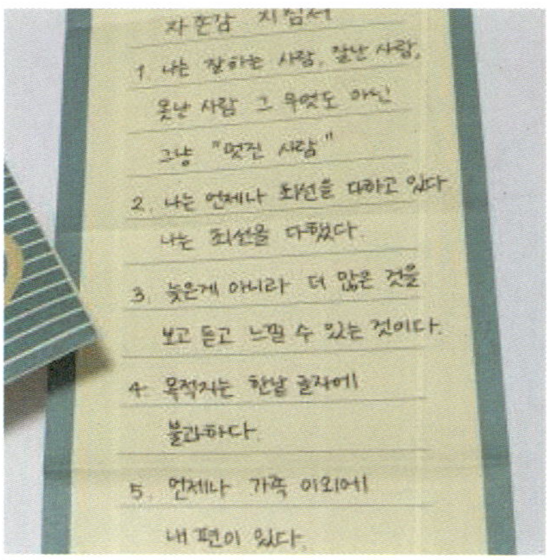

진심을 담은 손편지

마니또가 좋아하는 간식

네가 나에게

〈두근두근 마니또 시작하기〉

늘 다른 사람을 챙겨주기만 했었는데
나를 챙겨주는 누군가가 있다는 사실이 기쁘시지요?

마니또의 깜짝 선물이 지친 일상에서 한 줄기 빛이 되어
소소한 행복을 줄 거예요.

지금부터 두근두근 마니또를 시작해 보세요!

마니또를 해보니 어떤가요?
마니또를 하며 감사했던 기억들을 적어보세요.

영유아교육기관 적용사례

1 내 마음은 어떨까?

민들레는 민들레를 읽고

어느 곳에 피었든지 민들레로서의 그 존재 가치가 불변함을 보며.
우리 또한 하나님의 자녀라는 고귀한 정체성을 잊지 말아야겠다는 생각이 들었다.
모든 시절의 내 모습을 어버이와 같은 사랑으로 바라봐주시는 은혜에 감사하다.

안녕 나의 마음 : 나의 마음 상태 알아보기

민들레가 어느 곳에서 싹이 터도 잎이 나도 민들레인 것처럼
나 자신의 가치와 소중함에 대해 생각해 볼 수 있었다.
바쁜 일상과 많은 역할로 인해 내 마음을 들여다보지 못한 것 같아
미안한 마음이 들었다.
나도 사랑받기 위해 충분한 사람이라는 사실을 다시 한번 느낄 수 있는 시간이었다.

감정 신호등 : 나의 감정 표현하기

하루를 되돌아보며 나의 감정에 대해 생각해 보는 시간이 되었다.
에너지가 낮거나 불쾌했던 날은 왜 그런 감정이 들었는지 생각한 후
내일은 보다 더 나은 긍정적인 감정으로 생활해 볼 것을 다짐하는 시간이 되었다.

민들레는 민들레

나에게 작은 위로가 되어 준 민들레

지붕 위나 길모퉁이, 어디에 있든 노란 꽃을 활짝 피우는 민들레의 모습을 노며 내 자신의 가치와 소중함에 대해 생각해 볼 수 있었다. 사실 그동안 바쁜 일상과 많은 역할로 인해 내 마음을 들여다보지 못한 삶을 살았던 나에게 미안한 마음이 먼저 들었다. 여유롭게 나를 돌아볼 수 있는 시간이 없었기에 어쩌면 핑계일 수 있지만 나를 잃어버리고 정하진 패턴대로 그냥 물 흘러가듯 살고 있었고 다른 사람들의 시선과 평가를 의식해서 내 마음에 준 상처들은 그대로 굳어가고 있었다.

이번 프로젝트를 통해 하루하루 내 감정 상태를 살펴보고 내가 어떤 유형의 교사인지 동료들과 알아보며 내가 가지고 있는 장점들을 생각해 볼 수 있었고 내가 가지고 있는 장점들을 가지고 더 나은 교사가 되기 위해서 어떤 역량들을 키워야 할지 고민해 보게 되었다. 또한 어디서든지 향기로운 꽃을 피우는 민들레처럼 내가 처해 있는 입장이나 위치 등은 나의 어떤 것도 좌우할 수 없기에 나다움을 실현하기 위해 내 자신을 이해하고 사랑해야겠다.

교실에서도 아이들 한 명 한 명을 소중한 인격체로 생각하고 사랑해 주며 아이들의 개별적인 감정도 그대로 수용해 주는 교사가 되겠다고 다짐해 본다. 하루아침에 모든 것을 바꿀 수는 없지만 나에게 작은 위로와 감정 해소가 되었던 지난 한 달을 기억하며 오늘도 나 자신에게 용기와 위로의 말을 건네본다.

"사랑하는 OOO야. 충분히 잘 해내고 있어! 오늘도 수고했어."

본 힐링프로그램에 참여해주신 한국성서대학교 어린이집 지주나 원장님과 교사들에게 감사드립니다.

두 번째 여행 :
나의 향기를 담아보기

나를 위로하기

- 색으로 보는 나의 감정
- 걱정하지 마! 걱정 인형

나의 시간 갖기

- 나와 어울리는 음료
- 나만의 음료 레시피
- 우리의 작은 카페

나의 향기 담아보기

- 사계절의 향기
  – 봄, 여름, 가을, 겨울
- 새로운 취미 찾기

나를 위로하기

당신의 마음에 이름을 붙인다면

글 · 그림 마리야 이바시키나
출판사 책읽는곰
출판일 2022-06-08

기쁨, 행복, 그리움, 애틋함, 공허함…세상에는 다양한 감정이 존재합니다. 세계 여행을 하는 듯한 기분으로 다양한 언어로 쓰인 감정 표현을 알아갈 수 있습니다. 또한 새로운 표현에 나의 감정을 대입해 보며, 그동안 지나쳐간 감정들과 마주하는 시간을 가질 수 있습니다.

오늘 하루 느꼈던 감정을 떠올리며 그림책을 읽어보세요.

무심코 넘겼던 감정들을 떠올려보세요.
자신의 감정을 솔직하게 표현해 보는 것만으로
나를 돌보는 기분이 들 것입니다.

왜 그런 감정을 느꼈는지 생각해 보고
자신의 감정에 대해 알아가는 시간을 가져보세요.

나의 내면을 들여다보며
나의 모든 감정을 소중히 여기는 시간을 만들어 보세요.

색으로 보는 나의 감정	– 색채 심리테스트를 한다. – 테스트 결과와 나의 진짜 속마음을 비교해 본다.
걱정하지 마! 걱정 인형	– 나만의 걱정 인형을 만든다. – 나의 걱정과 고민을 걱정 인형에게 전한다.

『당신의 마음에 이름을 붙인다면』

제목: 오늘 나의 하루에 이름을 붙여주세요

세계 17개국의 71개의 감정의 단어를 수록한 그림책입니다. 다른 나라에 사는 사람들은 어떤 단어로 마음을 표현하고 있을까요? 감정의 단어로 세계여행을 떠나볼까요?

우리는 하루하루 한 단어로 표현하기 어려운 감정을 느끼며 살고 있습니다.
소중했던 그 기억으로…
아팠던 그 과거로…
사랑했던 그 순간으로…
행복했던 그때로…
벅찬 미래로

잠시 책상에 앉아 잔잔한 음악을 들으며 이 그림책을 통해 다양한 감정을 느껴볼까요? 그리고 지금 나의 하루에 어떤 감정을 느꼈는지 이름을 붙여보세요.

덴마크 휘게(Hygge): 일상에서 얻는 기쁨. 맛있는 아침 식사, 친구들과의 만남, 영화관처럼 단순한 일에도 감사할 줄 아는 능력

생각만 해도 좋은 단어입니다.
오늘 선생님들은 어떤 마음으로 하루를 사셨는지요?
선생님의 마음에 어떤 이름을 붙이면 좋을까요?

01 오늘 하루 어떤 감정을 느끼고 있나요?

02 인상적으로 다가온 나라의 언어와 감정은 무엇인가요?

예: 덴마크 휘게(Hygge) 일상에서 얻는 기쁨. 맛있는 아침 식사, 친구들과의 만남, 영화관처럼 단순한 일에도 감사할 줄 아는 능력

색으로 보는 나의 감정

활동 목표

– 색채 심리테스트를 한다.

– 테스트 결과로 나의 마음을 들여다 본다.

활동 자료

– 색채 심리테스트 검사지, 필기도구

– 색채 심리테스트 해석 자료

활동 내용

- 36개의 색깔 중 마음에 드는 네 가지 색 고르기
- 해석을 찾아 읽고 나의 내면을 들여다보기
- 나의 진짜 속마음은 어떤지 생각해 보기

색으로 보는 나의 감정

우리가 말로 표현하지 못했던 다양한 감정이 있습니다.
간단하고 재미있는 테스트를 통해서 지금 나의 감정이 어떤지 알아보아요.

출처: 통합뉴휴먼심리연구소 홈페이지(https://www.humancare.kr/)

마음에 드는 색 네 가지를 골라주세요.
다음 장에서 마음에 대한 해석을 읽어보세요.

1.__________ 2.__________ 3.__________ 4.__________

색으로 보는 나의 감정

1. 쓸쓸함, 어리광

표면상으로는 명랑하고 사교적이고 정서적인 인정미가 넘쳐흐른다고 하겠지만, 마음 어느 한구석에는 누구도 편드는 사람 없이 혼자 외롭게 지내야 하며, 의지할 이성, 안심하고 어리광을 부리고 싶고 의존하고 싶은 애정의 욕구를 간직하고 있습니다. 이 색깔이 36번과 함께 선택되면, 어느 쪽이 먼저 선택되었는가에 따라 뉘앙스가 다소 달라집니다. 고독감, 쓸쓸함이 극히 강하다고 하겠습니다.

2. 명랑함, 넘치는 자신감

명랑하고 자신감이 넘치고 기쁨으로 꽉 찬 사람입니다. 애정이 풍부하고 행동은 무척 협조적이며 난잡한 점이 전혀 없습니다. 사람으로서 가장 바람직한 정신 상태를 유지하고 있다고 볼 수 있습니다. 이 색깔은 성인보다는 어린이, 도시보다는 지방 사람들이 많이 선택합니다. 도시인과 성인에게 그만큼 스트레스가 많이 작용한다는 것을 말해 주고 있지요. 그리고 이 색깔은 축제 의상이나 축하 행사에 이용되는 경우가 많은데, '내부에 잠재한 것이 겉으로 나타난 현상'이라고 해도 좋을 것 같습니다. 이 색깔은 슬픔에 잠겼을 때는 결코 쓸 수 없는 색깔이랍니다.

3. 우울

감기에 걸렸거나 피로가 쌓여서 힘이 들거나, 생리의 전후거나, 애인과의 사이에 트러블이 발생한 시기여서 좋은 상태라고 할 수는 없군요. 또 가족 중의 환자가 있어 마음과 몸의 밸런스가 취해지지 않아 늘 위화감이 생기고 울적한 생활이 계속되고 있는 상태입니다. 이 색깔을 선택한 사람은 그 의식이나 몸의 상태가 왜 나쁜지 그 원인을 자각할 때가 많으며, 색깔을 선택한 시점에서 원인을 물으면, 조금도 저항 없이 자신이 처한 상황을 솔직하게 대답해 줍니다.

4. 소화기의 상태가 좋지 않음

과식과 과음이 원인이 되어 가슴앓이와 위통으로 몸의 상태가 좋지 않습니다. 혹은 지나치게 신경을 혹사하여 위의 상태가 나빠져서 때때로 통증을 느끼게 합니다. 또 실제로는 나쁜 곳이 없는데도 끊임없이 위에 대하여 신경이 쓰이는 등, 언제나 소화기에 의식이 향하고 있지요. 자각 증세가 없어도 나중에 진짜 나빠진 예가 적지 않으므로 이 색깔을 선택한 사람에겐 "위장이 약해졌으니까 주의하는 것이 좋겠어요."하고 말해 주세요.

5. 비뇨기의 상태가 좋지 않음

지금 화장실에 가고 싶지 않은지? 소변을 자주 본다든가 깊은 밤에 소변을 본다는 말을 들은 적은 없는지 또 그런 것에 마음을 쓴 적은 없는지 모르겠네요. 또 신장, 요관, 방광, 요도 등 비뇨기과의 질병이나 기왕증에 고민하고 있는 것은 아닌지요. 이 색깔은 또 술을 좋아하는 사람이 종종 선택하는 색깔인데, 알코올에 의한 요폐증 또는 불완전 요폐 등의 불안한 근심을 잠재적으로 품고 있으며, 선천적으로 비뇨기계의 결함을 가지고 있으면서도 알코올을 좋아하는 사람에게서 많이 볼 수 있답니다.

6. 불신, 의혹

뜻하지 않게 보기 싫은 것을 보게 되거나, 생각하지도 않았던 불쾌한 얘기를 듣거나 해서, 평소에 믿었던 것에 의문을 품게 되며, 그 원인이 되는 인물이나 사건에 대하여 불안과 불신을 가지게 된 상태로군요. 이 의식은 불신, 의혹, 불안, 공포, 죽음으로 이어지는 것으로, 어린이가 이 색깔은 선택한 경우에는, 그 밖에 선택한 다른 색깔이나 생활 환경 등을 고려하여, 원인을 확인해 줄 필요가 있습니다. 다른 불건전한 의식도 상승 작용하여 위험한 행동으로 나타나는 경우도 생각할 수 있기 때문에 매우 주의해야 합니다. 이 색깔을 선택하는 그 자체가 건전한 정신 상태라고 할 수 없겠죠. 최근 이 색깔을 선택하는 사람이 부쩍 느는 추세라고 하네요. 사소한 것으로 남을 신용할 수 없게 된 세상이 온 건가요?

색으로 보는 나의 감정

7. 혈액(피)

마음속으로 "피"에 관한 무엇인가를 가지고 있습니다. 교통사고 현장을 만나게 된다든가, 텔레비전이나 영화의 무서운 장면이 기억에 남아 있다든가, 또 당신 스스로 아니면 친구나 애인이 큰 부상을 입었거나 출산이 마음에 걸리는 등 피와 관계되는 일이 있습니다. 특히 성인 여성은 생리 중이거나 그 전후에 이 색깔을 선택하게 되는데 이 색깔의 의식은 바람직하지 못한 피에 얽힌 것입니다. 유혈 사건이 텔레비전에서 방영되면 그 직후에는 거의 모든 사람이 이 색을 선택한다고 하네요.

8. 체념, 거슬림

욕심이 나서 견딜 수 없었던 것, 하고 싶어서 참을 수 없었던 것을 어떤 이유에서든 체념하지 않으면 안 될 형편이었는데, 그 원인이 되었던 상태 또는 사항에 대해서 앙갚음을 해주거나 심통을 부리고 싶은 생각으로 꽉 찬 상태입니다. 만약 어린이가 이 색깔은 선택하면 세심한 배려가 필요하답니다. 왜냐하면 발산하는 방법에 따라 폭력이나 옆길로 빠질 우려가 있기 때문입니다. 이 색깔은 어린이뿐 아니라 성인에게도 남을 괴롭히는 폭력의 위험성을 내포하고 있으므로 주의 깊게 지켜보아야 합니다. 다른 선택된 색깔과 비교 판단하여 일찌감치 대처하는 것이 좋겠습니다.

9. 도움이 필요함

무엇인가 커다란 걱정거리를 가지고 있어 정신적으로 몹시 쫓기고 있는 상태입니다. 누구에겐가 상담하고 싶군요. 누구의 도움이 필요하다고 마음속으로 외치고 있습니다. 왜냐하면 당신은 고민하고 있는 문제에 관해서 자기 자신이 무력하고 아무 쓸모 없다고 생각하고 있기 때문이지요.

10. 매우 강렬한 금전욕, 물질욕

무슨 사정인지 많은 금액과 비싼 상품이 꼭 필요한 상황에 놓였다. 그리고 그 목적을 달성하기 위해선 비합법적인 방법이라도 사용하여 손에 넣은 직후여서 아직도 그 의식으로부터 해방된 상태가 아니다. 이 색깔을 선택할 때는 감정이 무겁게 가라앉고, 그 일 이외에는 아무 생각도 없을 만큼 욕구가 강렬하기 때문이다.

11. 자기주장욕, 자기 현시욕

기력이 충실하고 활기가 넘치며, 행동은 적극적이고 매사에 힘찬 활력이 넘쳐흐르지만, 그 밑바닥에는 뭔가 마음에 흡족하지 않은 부족한 것이 숨겨져 있습니다. 그 불만이 행동의 기폭제가 되고 있는 상태입니다. 그 때문에 남을 밀어젖히고 경우에 따라선 상대를 공격해서라도 자신을 전면으로 내놓고 싶은 자기주장욕, 자기 현시욕의 의식이 강하다고 하겠습니다.

12. 근심

현재 처하고 있는 상황 속에서 걱정되는 것, 마음이 놓이지 않는 것, 신경이 쓰이는 것 등 그 무엇인가의 의식에 사로잡혀있군요. 사람은 많건 적건 간에 어떤 근심을 안고 있는데, 이 색깔을 선택한다는 것은 그만큼 마음에 걸리는 근심 걱정이 강하다는 것을 뜻합니다. 어린이가 처음에 이 색깔을 선택한 경우에는 그 대부분이 공부(성적, 숙제, 시험)에 관한 걱정거리가 있다고 생각해도 될 겁니다.

색으로 보는 나의 감정

13. 친숙한 남성이 그리움
할아버지, 아버지, 형제, 아들, 남편, 친구 등 당신에게 가장 가까운 남성이 당신에게서 멀어져 가는 것 같은 일종의 공포심마저 느끼기는 상태입니다. 심하면 그리워지기까지 하여 이런 기분을 이해해 달라는 차원에서 자신이 사랑한 것만큼 상대로부터 사랑을 받고 싶어 합니다. 어린이가 이 색깔을 선택하면 아버지에 대한 애정의 욕구로 보아도 좋겠습니다.

14. 물욕, 금전욕, 애정욕
비싼 물품이 욕심난다든가 갑자기 돈이 필요하게 되는 등, 돈과 물품에 대한 생각이 머리에서 떠나지 않고 있는 실정입니다. 혹은 그런 것을 막 손에 넣은 직후인지도 모르겠지만, 어쨌거나 이런 욕구 의식이 당신에게 남아 있습니다. 이 색깔은 10번의 색깔 상황과 비슷하지만 10번처럼 비상 수단을 취하면서까지 욕심낼 만큼 절박하지는 않습니다. 물질적, 금전적으로 만족하지 못하는 무엇인가를 안고 있는 것 같군요. 어린이가 이 색깔을 선택한 경우에는 애정의 욕구가 강하므로 주의가 필요합니다. 이 색깔은 세상의 경기가 좋지 않게 되면 유행하는 색깔인데, 이 색깔이 가지는 뜻의 집단적인 의식의 표출이라고 할 수 있을 것입니다.

15. 몸의 상태가 나쁨
몸의 상태가 좋은 편도 아니지만 정신적으로도 어둡게 가라앉은 상태입니다. 선택한 색깔 중에 이 색깔이 돋보일 뿐 다른 것은 눈에 들어오지도 않는다든가, 색 번호 16, 31번과 함께 선택되고 다른 색깔은 관심이 없는 경우에는 별로 걱정할 것이 없답니다. 그러나 3, 9, 32번과 함께 선택되었을 경우에는 주의해야 합니다. 이 경우에는 의사의 건강 진단을 받아두는 것이 좋을 듯합니다. 이 색깔이 포함되고 있기 때문에 금세 암의 위험이 있다고 말할 수는 없지만, 선택하는 순서와 다른 색과의 관계에서 볼 때 위험한 요소가 내포되었다고 할 수는 있습니다.

16. 육체적 피로
심신이 지칠 대로 지쳐서 쉬고 싶다는 생각이 드는 한편으로는 맡은 일은 성실하게 하지 않으면 안 된다는 생각이 교차하여, 정신적으로 협공을 당하는 상태입니다. 피로감과 의무감, 복종심이 당신의 내부에서 서로 갈등을 빚고 있는 의식의 상태라고 해도 좋을 것입니다. 어린이가 이 색깔을 선택하거나 즐겨 선택하려고 한다면 놀고 싶은 욕망을 강렬하게 억제당하고 있어 반항하고 싶지만, 뜻대로 되지 않는 상태라고 생각해도 무방합니다.

17. 증오, 적의
그것을 잊고 싶고, 생각하기도 싫다면서도 할 수 없이 자꾸 생각하게 되는 딜레마에 빠진 상태입니다. 몹시 불쾌한 일이 있었으며, 그 원인이 되었던 사람과 사건에 대하여 지독한 증오를 품고 있는 상태입니다. 이 의식은 의외로 뿌리 깊은 지속성을 가지고 있어 어떤 계기만 생기면 직접 보복행위로 나올 위험성을 내포하고 있기도 합니다. 올바른 가치 판단을 가지고 있지 않은 어린이가 이 색깔을 선택한 경우에는 신속히 그 원인을 찾아내서 제거하도록 해야 합니다. 6번이 내향적인 것과는 달리, 이 번호의 색깔은 외향적인 특징을 가지고 있답니다.

18. 만족감, 포만감
오래전부터 갖고 싶어 하던 물건을 손에 넣은 만족감과 식사를 끝낸 후의 포만감을 만끽하고 있은 상태입니다. 느긋한 마음에 풍요 감에 꽉 찼으며, 인간관계에서도 애정 면에서도 물질적인 면에서도 아무런 불만이 없는 극히 평화로운 기분에 싸여 있군요. 이 색깔은 마음의 평안을 여실히 말해 주는 색깔입니다.

색으로 보는 나의 감정

19. 겸허한 체험

솔직하고 순종적이며 마음속에 응어리라고 하나도 없지만 마음속으로는 체념해야 하는 그 무엇인가를 감추고 있습니다. 그러나 이 겸허함과 복종심으로 감싼 체념은 겉으로 나타나서 당신을 불리하게 하는 일은 없을 것입니다. 이 경우에는 '할 수 없다'라는 이면의 사항을 말하기보다는 표면의 솔직성과 겸허함이 중요하며, 만약 다른 불만이 있으면 별도의 의식을 가지게 되어 색깔로 나타나게 될 것입니다.

20. 이성에 대한 그리움

꿈같은 연애를 하고 싶다거나 애인이 그립고 헤어진 그 사람과 다시 만나고 싶다거나 이성에 대한 그리움으로 견딜 수 없는 상태입니다. 또 성적인 충동도 억제할 수 없어 "그 사람의 아이를 가지고 싶어" "그에게 힘껏 안기고 싶어" 등의 생각도 한답니다. 연령이나 상황에 따라 내용은 다르지만, 이성에 대한 관심이 높아진 상태에 있으며, 특히 성적으로 미숙한 어린이가 이 색깔을 선택한 경우, 부모들의 행동을 숨어서 보고 싶어 하는 수도 있으니까 주의해야 합니다. 이 색깔의 의식은 직접적이어서 기분이 나면 서슴지 않고 이 색깔을 선택하게 됩니다. 일생을 혼자 산 고흐는 이 색깔을 죄악으로 생각했다고 합니다.

21. 사람에 대한 봉사

존경하는 사람, 사랑하는 사람, 평소에 소중하게 생각하는 사람들에 대하여 자신을 희생하면서까지 헌신적인 애정을 바치고 싶다는 생각으로 꽉 차 있습니다. 물론 상대에게서도 강렬한 사랑을 받고 싶은 소망으로 안타까운 심정을 안고 있는 상태이기도 하지요. 이 색깔에 의해서 나타나는 사랑의 의식 밑바닥에는 상대에게 바치는 행위가 실패로 끝나지나 않을까 하는 불안과 공포, 또는 상대가 자신에게서 사라지는 것이 아닐까 하는 두 가지의 근심이 마음을 죄게 합니다. 모든 색깔이 완전히 조화를 이루어 태양의 백광으로 되돌아가듯이 이 색깔은 인간의 사랑의 원형적인 것–가족애와 같은–이 아닌가 하는 느낌이 들기도 합니다.

22. 남을 학대하고 싶은 충동

지금 만족하는 것이 없이 극도로 욕구 불만에 싸인 상태입니다. 그 원인을 만든 상태 또는 자신보다 약한 사람을 괴롭히고 학대하는 것으로 불만을 해소하려 하고 있군요. 그것은 위험한 정신의 불안정 상태라고 하겠습니다. 이런 의식은 비뚤어지고 굴절된 내용을 가지고 있기 때문에 지성과 이성이 발달하지 못한 어린이가 선택했을 경우에는, 종종 8번이나 17번과 같은 색깔로 연쇄 반응을 일으키며, 폭력이나 잔학성의 원인이 될지도 모릅니다. 하루라도 빨리 원인을 찾고 대응책을 강구해야 합니다.

23. 희망

밝은 행복감이 넘쳐흘러 편안하고 안정된 마음으로 모든 것에 우호적인 정신 상태입니다. 그것은 목표를 정하고 노력해 온 것이 달성된 직후의 기쁨, 혹은 달성이 눈앞에 다가온 것에 대한 확신 등 과거에 쌓아 올린 근면과 연마가 '희망'으로 변신하여 당신을 축복해 주고 있습니다. 이 색깔은 2번과 마찬가지로, 성인보다는 어린이, 도시보다는 지방에 사는 사람들이 더 많이 선택합니다.

24. 초조함

무슨 일이 일어나면 자신의 생각이나 의견이 전혀 통하지 않고 더욱이 자신의 힘으로는 해결할 수 없다는 것을 알고 초조하고 불안한 상태입니다. 이 색깔이 가지는 의식은 초조한 자신이 다시 불안하고 초조해져서 나중에는 짜증을 내고, 또 짜증스러운 자신이 초조해져서 불안과 초조는 점점 더해 갑니다. 개미구멍에라도 빠진 것처럼 답답하고 초조하기만 한 상태라고 할 수 있지요.

색으로 보는 나의 감정

25. 만족감

의외로 목적을 빨리 달성하거나, 뜻을 이루었다는 마음으로 기분이 최고로 올라서 남들이 의아해할 정도로 들떠 있는 상태입니다. 그러나 이 의식은 도가 지나치면 때로는 '나는 누구보다도 뛰어나고 용하다'라는 독선적인 생각으로 경솔한 행동을 범할지도 모릅니다. 그렇게 되면 상대에게 불쾌감을 주므로 주의해야 합니다.

26. 밝은 명랑함 속의 불안

즐거운 일, 기쁜 일이 있어 밝은 기분으로 지내고 있습니다. 그러나 마음에 걸리는 것과 걱정이 떠나지 않는 근심거리도 있어서 명랑한 기분만 가질 형편이 아닌 상태입니다.

27. 절대자에 대한 사랑

'절대'하고 믿어 마지않는 것(종교, 회사, 거래처, 고객, 희망학교)이 자기로부터 멀어져 가는 것이나 아닐까 하는 불안, 자신이 하는 행위가 실패하는 것은 아닐까 하는 근심에서 그 '절대자'에게 강렬한 사랑을 받고 싶어 하는 바람이 '절대자'를 사랑하는 행위로 나타나게 됩니다. 이 색깔이 수도승, 수녀의 옷 색깔로 쓰이고 있는 것은 신에 대한 외경과 경건의 기도에 부응코자 하는 데서 나온 뜻인 것 같습니다. 마음속에 있는 것이 색깔로 되어 표면으로 나타난 전형적인 보기라고 하겠습니다. 장례를 지낼 때도 이 색깔을 쓰는데, 그것은 죽은 자에게 바치는 산 사람의 기도와 정화의 소원을 담은 뜻이라고 생각할 수 있습니다.

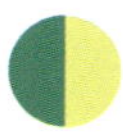

28. 음식물에 대한 갈망

지금 몹시 허기가 졌거나 목이 말라 물을 마시고 싶은 상태입니다. 혹은 다이어트에 신경이 쓰여 자연식품에만 생각이 있을 수도 있고요. 어린이의 편식을 걱정하거나 저녁 준비할 것으로 머리가 복잡하지는 않은지요? 식사를 끝낸 직후에도 이 색깔을 선택합니다. 요컨대 당신의 의식은 음식에 대한 관심이 높아진 상태입니다.

29. 망설임, 불안

어느 한 쪽이든 결정하지 않으면 안 될 양자택일의 문제에 직면해 있습니다. 그러나 어느 쪽을 택하든 어느 정도의 곤란과 앞일에 대한 불안을 떨쳐 버릴 수가 없어 숨이 막히는 상태에 처해 있습니다.

30. 소화기 질환

현재 소화기계에 질환을 가지고 있다든가, 소화기 질환의 경력이 있어 아직도 그 의식의 꼬리를 질질 끌고 있는 상태입니다. 또 완치된 일인지도 모르지만 덮어놓고 의식은 소화기계로부터 해방되지 못한 상태입니다.

색으로 보는 나의 감정

31. 수면

수면 부족이 계속되고 밤을 꼬박 새우기도 하며, 또 그와는 반대로 잠을 지나치게 많이 자서 의식이 잠에서 덜 깬 흐리멍덩한 상태입니다. 바빠서 잠을 충분히 자지 못하는 상황으로, 6번과 함께 선택되는 경우가 많고 방치해 두면 3번의 색을 선택하게 되니 주의하세요

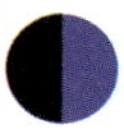

32. 정서 불안정

뭔가의 이유로, 혹은 이유도 모르는 채 막연한 불안감을 가져 미래에 대해서도 전망이 밝지 않아 괴로운 상태입니다. 이 색깔이 뜻하는 것은 12번이나 29번과는 근본적으로 다르며, 생명을 잡아 흔드는 듯한 뿌리 깊은 곳에서 솟구쳐 오르는 불안입니다. 어머니에게 호되게 야단을 맞은 어린이가 이 색깔을 선택하는 것도 그런 이유입니다.

33. 신변 정리

언제나 하지 않으면 안 된다고 생각해온 것, 가령 청소, 세탁, 정리 정돈, 방의 도배, 이사, 채권 채무의 이행 등등 마음에 걸리는 것이 있거나, 그런 것을 하고 난 직후여서 아직도 의식이 남아 있는 상태입니다. 어린이가 이 색깔을 선택했을 경우에는 어머니로부터 방 청소, 뒷정리 등으로 꾸지람을 들었다는 뜻이 됩니다.

34. 회복

질병, 스트레스, 생리, 부상 등으로 앓고 있던 몸과 정신이 이제는 확실히 회복기에 접어들었거나, 회복해서 원기를 되찾은 직후의 상태입니다. 평온함으로 가득 찬 해방감이 넘쳐흐르는 당신에겐 바람직한 정신 상태라고 하겠습니다.

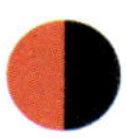

35. 친근한 여성이 그리움

어머니, 할머니, 자매, 딸, 아내, 여자 친구 등 평소에 가장 가깝게 지내던 여성이 자신으로부터 멀어져 가는 듯한 느낌이 들어 안타까운 생각을 하고 있습니다. 그리고 그 사람을 그리워하고 있으며, 이런 기분을 알아주었으면 하는 마음에서 자신이 사랑하는 것만큼 상대에게서 사랑을 받았으면 하는 바람으로 가득 찬 상태입니다. 어린이가 이 색깔을 선택한 경우에는 어머니에 대한 애정의 요구가 나타난 것으로 볼 수 있습니다.

36. 애정의 결핍

이 색깔을 선택한 당신은 특정의 그 사람으로부터 강렬한 사랑을 받고 싶고, 보다 더 신경을 써 주었으면 하는 마음에서 조바심을 내고 있습니다. 또 누구라도 좋으니 모르는 이성으로부터 강렬한 사랑을 받고 싶다는 간절한 소망을 안고 있습니다. 이 의식 밑바닥에는 당신 스스로도 모르는 애수의 감정, 안타까운 심정, 슬픔, 인생은 무상하다는 느낌, 그리움과 같은 기분이 뒤섞여 있습니다.

걱정하지 마! 걱정 인형

활동 목표

- 걱정 인형을 만든다.
- 나의 고민과 걱정을 걱정 인형에게 전한다.

활동 자료

- 걱정 인형 만들기 영상
- 실, 폼폼이, 나무집게, 가위, 면봉, 목공풀, 네임펜, 형광펜

활동 내용

- 만들기 재료 준비하기
- 영상을 보고 걱정 인형 만들기
- 나의 솔직한 마음과 걱정을 적거나 이야기하기
- 걱정 인형에게 전해보기

걱정하지 마! 걱정 인형

과테말라의 고산지대 인디언들은 걱정이 많아 잠 못 이루는 아이들에게
걱정 인형을 주며 걱정을 이야기하고 베개 밑에 두고 자라고 합니다.
걱정이 많은 아이들은 걱정 인형에게 걱정을 맡기고 편하게 잠들 수 있었습니다.

여러분의 모든 걱정과 고민을 걱정 인형에게 나누어주세요.

안녕 나는 걱정 인형 파랑이야.
옆은 내 친구 분홍이야.
날씨가 좋아서 밖으로 놀러 나왔어.
너는 뭐 하는 중이야?
자꾸 우울하고 축축 처진다면
나랑 같이 산책을 해보는 건 어때?
구름은 예쁘고 바람은 선선하고,
절로 기분이 좋아질걸?

우와, 여긴 어디지?
나도 잘 모르겠어!
그런데 ㅇㅇ이 얼굴이 더 잘 보인다!
그러게! 우릴 브면서 웃네?
ㅇㅇ아! 오늘도 좋은 하루 보내.
우린 여기서 ㄴ의 행복을 위해
언제까지나 함께 할 거야.

걱정 인형 만들기 영상

걱정하지 마! 걱정 인형

걱정과 고민을 글로 적어보세요.
복잡한 생각을 적으며 정리하는 시간을 가져보는 것도 좋습니다.

〈내 머릿속 걱정 구조〉

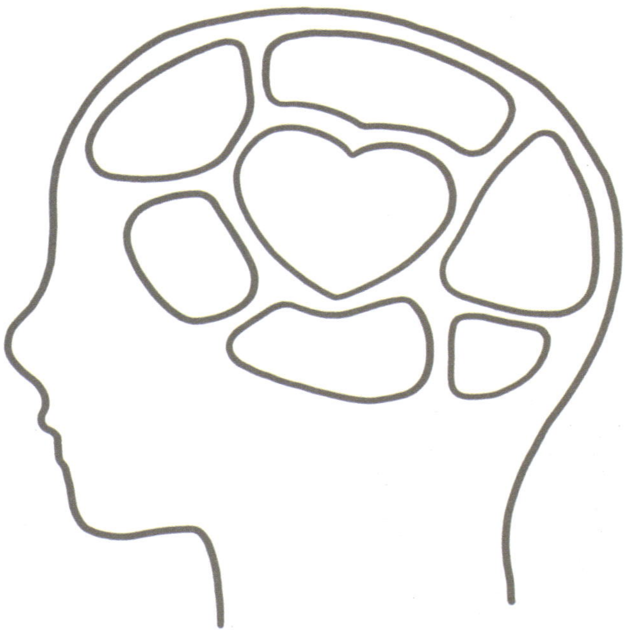

걱정 인형을 만들기 전
인형에게 전해줄 나의 걱정과 고민을 정리해보세요.

머릿속 걱정 구조

걱정하지 마! 걱정 인형

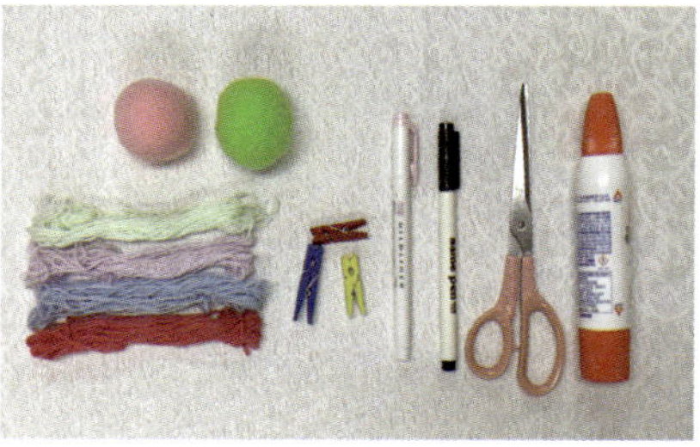

① 실, 폼폼이, 집게, 네임펜, 형광펜, 가위, 이쑤시개 등을 준비해주세요.

② 집게에 독공풀을 발라 실을 고정한 뒤 돌돌 감아주세요.

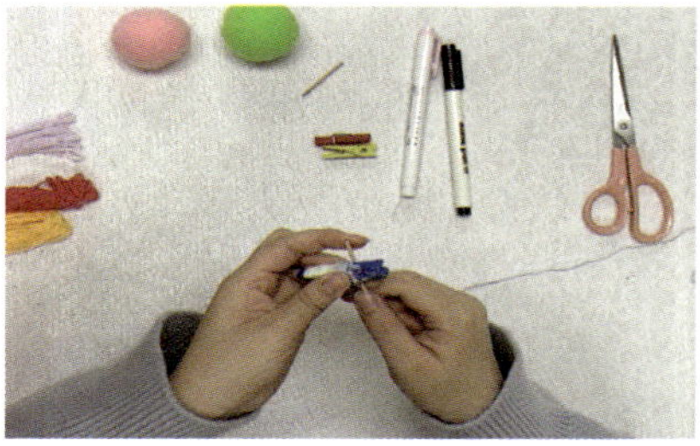

③ 같은 방법으로 몸통 부분을 감은 뒤, 중간에 양 끝을 자른 이쑤시개를 넣어주세요.

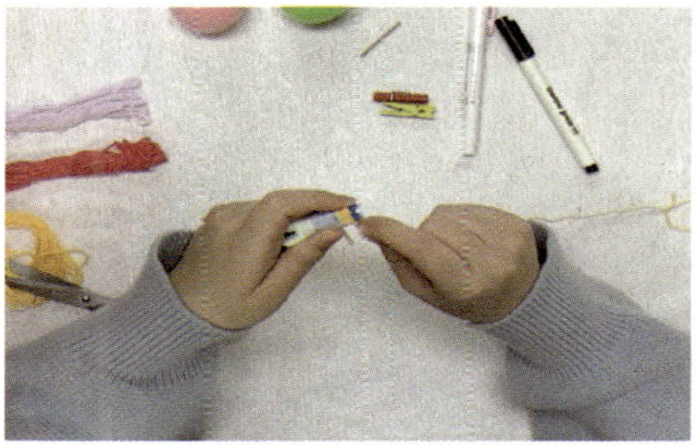

④ 이쑤시개를 고정한 뒤, 남은 몸통과 얼굴을 감아주세요.

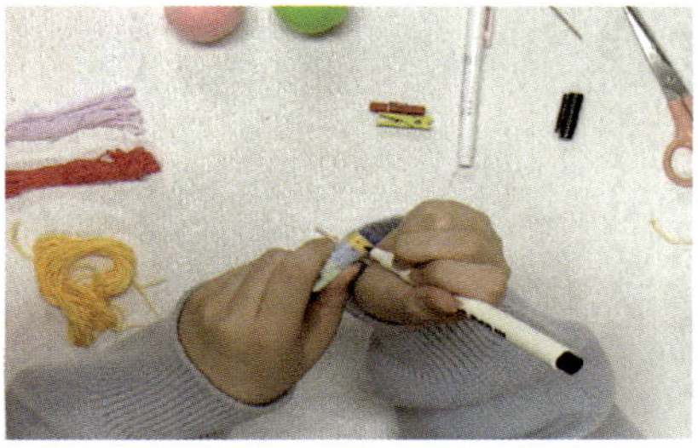

⑤ 네임펜으로 얼굴 부분에 눈과 볼터치를 콕콕 찍어주세요.

⑥ 폼폼이를 끝에 붙이면 완성입니다!

걱정하지 마! 걱정 인형

오늘의 걱정은 걱정 인형에게 맡기고
편안하게 잠자리에 드셨으면 좋겠습니다.

Don't Worry!
Be Happy!

나의 시간 갖기

나만의 산 체험하기

글 · 그림 앨리슨 파렐
출판사 풀과 바람
출판일 2019-09-02

'나만의 산 체험하기'에서 여행을 떠나는 세 자매에게는 각각 좋아하는 물건, 챙겨가야 하는 물건이 있습니다. 각자가 선호하고 필요로 하는 물건을 가지고 취미활동을 하는 건 정말 행복한 일입니다.

내가 좋아하는 것들로 나의 공간을 채워보세요.

어린이집/유치원에서 내가 좋아하는 음료 레시피를 만들고
직접 음료를 만들어 볼까요?
다른 사람들과 나누며 여유로운 시간을 가져보세요.

바쁜 일상 속에서 어린이집/유치원의 작은 카페를 통해
나만의 '행복한 시간'을 누리셨으면 좋겠습니다.

나와 어울리는 음료	– 음료 MBTI 테스트를 한다. – 테스트 결과와 나의 성향을 비교해본다.
나만의 음료 레시피	– 나만의 음료 레시피를 만든다. – 모두 모아 레시피북을 만든다.
우리의 작은 카페	– 레시피북을 참고하여 나만의 음료를 만든다. – '우리의 작은 카페'에서 함께 마신다.

『나만의 산 체험하기』

제목: 자연이 주는 선물

푸른 초록이 마음을 신선하게 해주는 것 같은 표지입니다. 산 체험을 하는 세 어린이 탐험가의 자연을 즐기는 방법을 배우는 싶다는 생각이 드는군요.

산을 향해 달려가는 렌과 엘, 해티, 강아지 빈, 이 친구들은 산에 가는 것을 제일 좋아하나 봅니다. 엘은 다른 사람들에게 나뭇잎 바구니 만드는 법을 가르쳐 주고, 렌은 산에서 보고 듣는 모든 것을 스케치북에 꼼꼼하게 옮깁니다.

저마다 좋아하는 방식으로 산을 즐기는 어린 탐험가들의 일상을 따라가 볼까요? 세 아이는 어떻게 산과 함께하고 있을까요?

이 그림책을 보고 자연을 새롭게 바라볼 수 있게 되었습니다. 산은 여러 생명이 얽혀 함께 살아가는 소중한 공간임을 깨닫게 되었습니다.

무언가로 가득 찬 분주한 일상에서 잠시 벗어나 산을 한 번 올라 볼까요? 아름답고 신비한 자연의 순간들을 만날 수 있을 겁니다. 산에서 무엇을 보고, 어떤 경험을 하고 싶은지 상상해 보세요.

멀리 가기 어렵다면 바깥 놀이를 하면서 영유아들과 자연을 만나보면 어떨까요? 자연에서 행복한 순간을 만나고 누릴 수 있기를 바랍니다.

01 이해인 수녀의 「산을 보며」 시를 필사해 보세요.

효과: 필사는 '안티 스트레스(Anti-stress)' 취미활동으로 그 열풍을 이어가고 있다. 정신과 의사 캐리 배런은 필사를 하면서 "손을 움직이는 것이 스트레스 및 불안, 우울을 해소하는 데 도움이 된다"고 한다. 필사를 하는 "반복적인 동작은 안정감을 느낄 수 있게 하며 긍정적이고 창조적인 생각을 돕는다."라고도 한다. 이렇게 시공간적 제약 없이 혼자 즐길 수 있는 취미인 필사는 좋은 글을 읽고 손으로 따라 적어보는데 몰입하도록 하여 마음의 안정을 찾는 데 도움이 된다.

산을 보며

– 이해인

늘 그렇게
고요하고 든든한
푸른 힘으로 나를 지켜주십시오

기쁠 때나 슬플 때
나의 삶이 메마르고
참을성이 부족할 때
오해받을 일이 억울하여
누구를 용서할 수 없을 때

나는 창을 열고
당신에게 도움을 청합니다

이름만 불러도 희망이 되고
바라만 보아도 위로가 되는 산
그 푸른 침묵 속에
기도로 열리는 오늘입니다

다시 사랑할 힘을 주십시오

나와 어울리는 음료

활동 목표

- 음료 MBTI 테스트를 한다.
- 테스트 결과와 나의 성향을 비교해본다.

활동 자료

- 카페 음료 테스트 큐알코드
- 큐알코드 인식 기계(스마트폰, 노트북)

활동 내용

- 음료 MBTI 링크를 통해 테스트 페이지에 들어가기
- 주어진 질문에 대한 답 선택하기
- 테스트 결과를 읽어보고 나와 비슷한지 생각해 보기
- 다른 선생님들과 결과 공유해보기

나와 어울리는 음료

나와 잘 어울리는 음료는 무엇일까요?
카페음료 테스트를 통해 나와 어울리는 음료를 찾아보세요.

출처: 푸망 카페음료테스트(https://naver.me/GFp9EuWa)

카페 음료 테스트

카페음료 테스트를 통해 나와 어울리는 카페 음료를 확인해보세요.
나와 찰떡인 음료는 누구인지도 확인해보세요.

나와 어울리는 음료

나와 어울리는 음료 테스트 결과와 나의 실제 성향을 비교해 보고
테스트 결과를 다른 사람들과 공유해 보세요.

예시

〈드립 커피〉

드립 커피가 내려지는 동안 느긋하게 성각하며, 포기하지 않고 목표를 향해 조용히 나아갈 줄 아는 분이네요!

하지만 커피가 다 내려지길 기다리는 동안에도 결코 쉬지 않으시네요. 가만히 있으면 불안함을 느껴요. 그래서 말도 빠르고 걸음도 빨라요.

어수선한 건 딱 질색이에요. 물건은 항상 제자리에! 일도 계획대로 착착 진행되어야 직성이 풀려요.

자기관리 끝판왕! 그래서 일도 잘하고 친구한테도 잘하고 가족도 잘 챙겨요.

리더십이 강한 것도 좋지만,
가끔 양보를 하는 건 어떨까요?

나는 어떤 음료인가요?

나만의 음료 레시피

활동 목표

- 나만의 음료 레시피를 만든다.
- 모두 모아 레시피북으로 만든다.

활동 자료

- 레시피북 양식 QR 코드
- 색연필, 연필, 사인펜 등 그리기 도구

활동 내용

- 레시피북 인쇄하기
- 그림 도구 준비하기
- 내가 좋아하는 음료 레시피 만들기

나만의 음료 레시피

내가 좋아하는 나만의 메뉴를 만들어보세요.
어떤 재료가 들어갔는지, 어떤 맛이 나는지, 그림도 그려보세요.

- 메뉴 이름: ______
- 준비해주세요: ______
- 이런 맛이 나요: ______
- 이렇게 만들어요: ______

나만의 음료 레시피

편의점이나 마트에서 구할 수 있는 재료들로 나만의 음료 레시피를 만들어 보세요.
QR코드를 스캔하여 더 많은 레시피를 참고해서 만들어도 좋습니다.

편의점 배 음료 + 유자 음료 → 〈시원달달 유자 배 에이드〉

바나나 우유 + 편의점 초코음료 → 〈기분 좋아지는 초바라떼〉

편의점 블루레몬에이드 + 우유 탄산음료 → 〈블루밀크 에이드〉

나만의 레시피 부록

나만의 음료 레시피

〈커피브리즈〉 레시피

메뉴 이름: 〈커피 브리즈〉

준비해주세요: 아몬드 브리즈, 커피 1샷

이런 맛이 나요: 고소하고 향긋한 라떼맛

이렇게 만들어요:

- 샷을 추출한다.
- 컵에 아몬드 브리즈를 담는다.
- 추출한 샷을 넣고 섞는다.
- 커피 브리즈 완성!
- 초코 브리즈를 넣으면 카페모카!

우리의 작은 카페

활동 목표

- 카페의 모습 구상하기
- 나만의 지점토 코스터 만들기
- 함께 마시며 '우리의 작은 카페'를 즐기기

활동 자료

- 카페 질문지
- 지점토, 아크릴 물감, 바니쉬, 붓
- 나만의 레시피 모음
- 음료 만들기 재료(컵, 커피, 우유 등 원하는 재료)

활동 내용

- 카페의 모습 상상하며 체크하기
- '우리의 작은 카페'에서 사용할 코스터 만들기
- 좋은 시와 글귀로 힐링 시간 갖기

우리의 작은 카페

내가 좋아하는 카페의 모습은 어떤가요?
간단한 질문에 답을 적으며 '우리의 작은 카페'의 모습을 구상해보다요.

질문1 내가 카페에 가는 이유는 무엇인가요?

☐ 맛있는 음료 ☐ 대화의 장소 ☐ 여유로운 분위기
☐ 카페 특색이 묻어나는 소품들 ☐ 그 외 (   )

질문2 내가 카페를 고르는 기준은 무엇인가요?

☐ 커피의 맛 ☐ 맛있는 디저트 ☐ 멋진 뷰
☐ 카페의 분위기

질문3 내가 카페에서 자주 마시는 음료는 무엇인가요?

(   )

질문4 '나만의 카페'에는 어떤 메뉴를 넣고 싶나요?

(   )

질문5 내가 카페에서 가장 좋아하는 요소는 무엇인가요?

☐ 보는 즐거움 오브제 ☐ 분위기를 살려주는 코스터
☐ 취향이 묻어나는 소품함 ☐ 아기자기한 접시

우리의 작은 카페

앞장의 마지막 질문에서 선택한 소품을 만들어볼까요?
내가 만든 코스터 위에 음료를 놓고 오브제로 카페를 꾸미며 일상에서의 행복을 느껴보세요.
때로는 서로가 좋아하는 메뉴와 행복을 공유하는 시간도 가져보세요.

〈지점토 코스터 만들기〉

'우리의 작은 카페'에서 사용할 지점토 코스터를 만들어보세요.
혹은 오브제, 접시 등 카페를 꾸밀 다양한 소품을 만들어도 좋습니다.

우리의 작은 카페

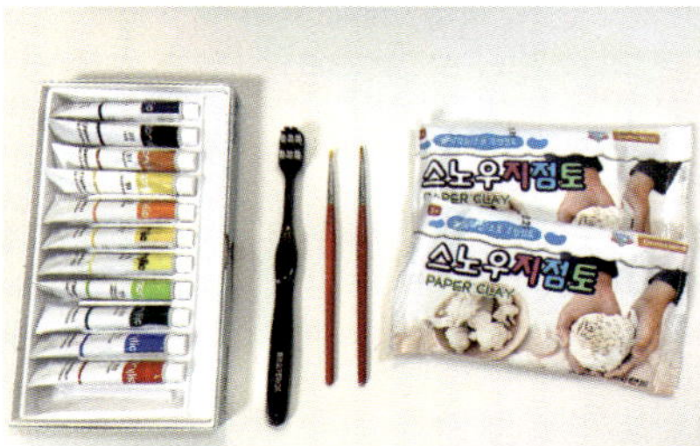

① 준비물인 물감, 지점토, 칫솔, 붓 등을 준비합니다.

② 지점토를 동그랗게 뭉쳐서 납작하게 누릅니다.

③ 붓이나 칫솔로 물감을 튀기며 무늬를 만들어 줍니다.

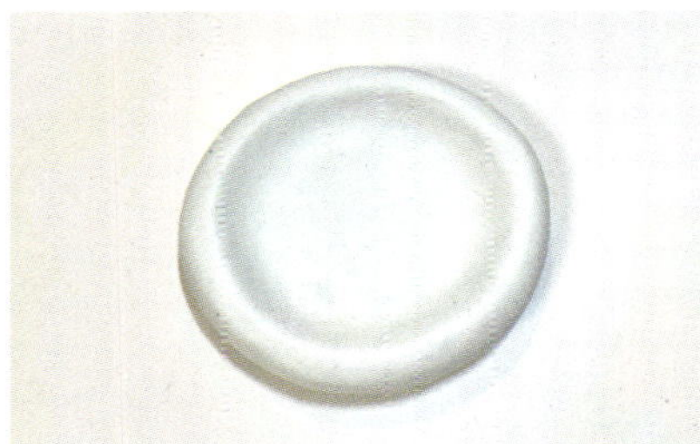

④ 다양한 모양으로 코스터를 단들어 봅니다.

⑤ 살짝 건조한 뒤 아크릴 물감으로 칠해줍니다.

⑥ 서늘한 곳어 서 완전히 건조시키면 지점토 코스터 완성!

우리의 작은 카페

우리의 작은 카페에서 동료 교사들과 함께 시와 글귀도 읽어보세요.

나는 결국 인생사에서 감미로우면서도
단순한 일들이 진정 위대한 것이라는
사실을 깨닫기 시작했다.

- 로라 잉걸스 와일더

눈과 눈을 마주하는 일은 결코
사소한 마주침이 아닙니다.
서로가 서로에게 바라는 것을
마음으로 전하는 소중한 시간이니까요.
눈빛은 마음의 언어입니다.

- 도서 '부모의 말' 머리말 중

나의 향기 담아보기

미스 럼피우스

글 · 그림 바버러 쿠니
출판사 시공주니어
출판일 1996-10-10

미스 럼피우스는 어린 시절 할아버지 무릎에서 이야기를 듣는 것을 시작으로 세상을 여행하게 됩니다. 그리고 오랜 여행을 마치고 어린 시절 할아버지의 이야기를 듣고 자랐던 바닷가 마을로 돌아옵니다. 이 그림책을 읽는 독자들은 그림책의 마지막 페이지를 닫으며 미스 럼피우스가 약속을 지키며 이뤄낸 '아름다운 세상'을 만나게 될 것입니다.

미스 럼피우스는 자신이 가장 좋아하는
'루핀꽃'을 심어 세상을 아름답게 만들었습니다.
온 마을에 퍼지는 루핀꽃의 향기가 우리를 행복하게 하는 것 같습니다.

봄, 여름, 가을, 겨울의 좋아하는 향기를 담아보세요.
사계절의 향기를 담아보며 일상에 행복을 더 해보세요.

사계절의 향기	– 사계절의 분위기와 향기를 느낀다. – 나만의 '사계절 향기'를 담는다. – 플랫폼을 활용하여 나의 새로운 취미를 찾는다.
새로운 취미 찾기	– '숨씨당', '클래스101'등의 취미 활동 어플을 살펴본다. – 마음에 드는 활동을 골라 체험해본다. – 새로운 취미를 찾아 일상에 행복을 더한다.

『미스 럼피우스』

제목: 세상은 어떻게 아름다워지는가

이제는 할머니가 된 미스 럼피우스에게도 한때는 앨리스라고 불리는 아이이던 시절이 있었습니다. 바닷가 도시에서 살던 앨리스의 할아버지는 뱃머리 장식품이나 나무 인형을 깎는 예술가였답니다.

어린 앨리스는 할아버지를 도와 곧잘 색을 칠하는 일도 했지요. 그리곤 저녁때면 할아버지 무릎에 앉아 머나먼 세상 이야기를 들었어요. 세상 이야기를 들은 앨리스는 나도 어른이 되면 아주 먼 곳으로 가보겠다고 했지요. 그때마다 할아버지는 말씀하셨어요.

"그래, 아주 좋은 생각이다. 그런데 네가 할 일이 한 가지 더 있구나.
세상을 좀 더 아름답게 만드는 일이지."

「마음에 귀를 기울이자.
아름답다고 느끼는 일이라면 기꺼이 행동으로 옮기자.
남들이 하지 않는 행동이라고 해서 주저하지 말자.
남들이 이미 다 해 본 거라고 해서 망설이지 말자.
내 마음이 시키면 기꺼이 경험해보고, 사람을 사귀고, 그 과정에서 계속해서 내 마음을 따라가 보자.
오늘 내가 보낸 시간을 가치 없다고 여기지 말자.
세상을 아름답게 할 수 있는 방법은 한 가지가 아니며, 거창하지 않아도 괜찮다.」

어린아이들을 키워내어 꽃피우기 위해 기꺼이 흙 속에 묻히는 씨앗이 되기로 마음먹은 선생님들은 오늘도 '세상을 아름답게 만드는 일'을 기적처럼 해내고 계시는 분들입니다.

01 문장을 완성해보세요.

"아름다운 세상을 만들기 위해 나는 ______________________________"

"아름다운 직장을 만들기 위해 나는 ______________________________"

"아름다운 교실을 만들기 위해 나는 ______________________________"

"아름다운 영유아로 교육하기 위해 나는 ______________________________"

"아름다운 가정을 만들기 위해 나는______________________________"

"아름다운 내가 되기 위해 나는 ______________________________"

02 가장 인상 깊은 장면이나 문구를 그리거나 적어보세요.

03 나의 인생의 여정 중 세상을 아름답게 한 일은 무엇인가요?

사계절의 향기

활동 목표

– 사계절의 분위기와 향기를 느낀다.
– 나만의 '사계절 향기'를 담는다.

활동 자료

– 비누 만들기 키트
– 디퓨저 키트
– 캔들 키트
– 포푸리 키트

활동 내용

- 봄의 향기, 꽃비누 만들기
- 여름의 향기, 바다 캔들 만들기
- 가을의 향기, 디퓨저 만들기
- 겨울의 향기, 포푸리 만들기

사계절의 향기

허브 꽃비누를 만들며 향긋한 봄의 향기를 담아보세요.

봄, 꽃비누 만들기

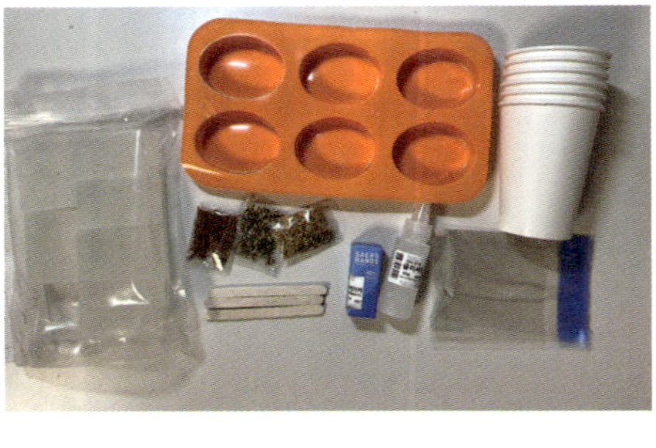

'꽃비누'
준비물: 비누 만들기 키트,
허브, 드라이 플라워 등

사계절의 향기

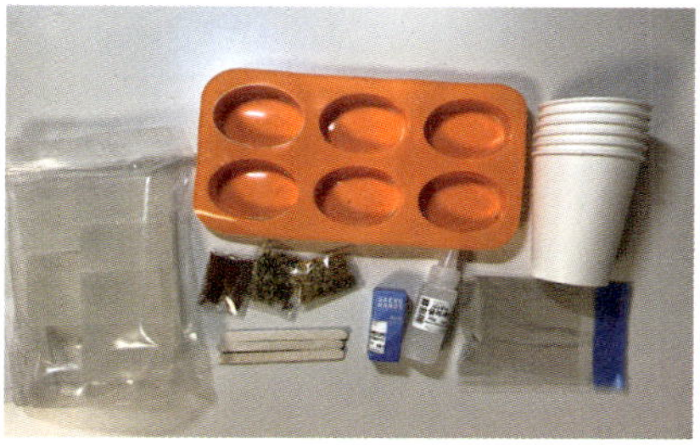

① 비누베이스, 허브, 라벤더향료, 글리세린, 실리콘몰드를 포함한 준비물을 준비해주세요.

② 비누베이스를 전자레인지에 짧게 여러번 나누어서 20초 정도 녹여주세요.

③ 라벤더 오일과 글리세린을 20방울씩 넣고 잘 저어주세요.

④ 비누를 얇게(약 2mm) 부은 뒤 허브를 올려 장식해주세요.

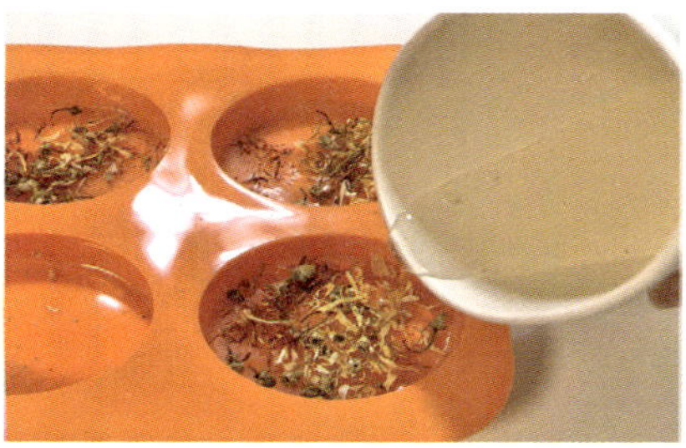

⑤ 남은 비누를 허브가 모두 잠길 정도로 부어주세요.

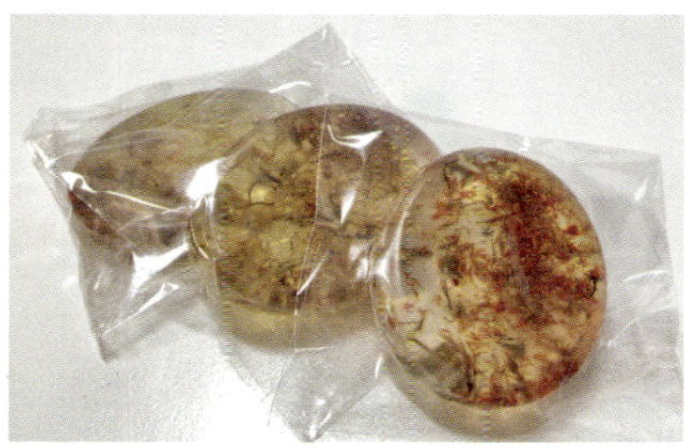

⑥ 30분 정도 비누가 완전히 굳을 때까지 기다린 뒤, 비닐에 포장하면 완성됩니다.

사계절의 향기

푸른 바다를 닮은 바다캔들을 만들며 여름의 향기를 담아보세요.

여름, 바다 캔들 만들기

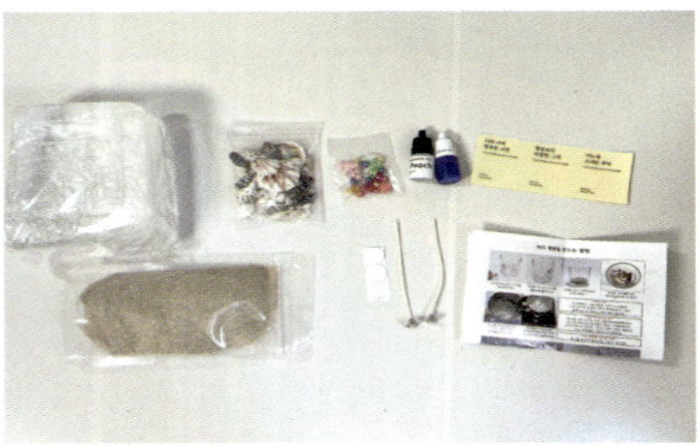

'바다 캔들'

준비물: 바다 캔들 만들기 키트 (젤, 조개 껍데기, 향료, 색소, 라벨 스티커, 고운 모래, 심지, 유리병 등)

사계절의 향기

① 유리병, 조개 껍데기, 향료 등을 포함한 준비물을 준비해 주세요.

② 심지를 세워 넣고 2-3cm 높이까지 모래를 채워주세요.

③ 조개껍데기를 원하는 구도로 배치해 주세요.

④ 젤을 작게 잘라 가열하여 녹여주세요.

⑤ 향료와 색소를 넣은 뒤 섞고 식기 전에 병에 부어주세요.

⑥ 젤이 굳으면 여름 바다 캔들 완성입니다.

사계절의 향기

떨어진 나뭇가지를 사용하여 디퓨저를 만들어보세요.
내가 좋아하는 향기로 가을의 느낌을 담아보세요.

가을, 나뭇가지 디퓨저 만들기

'나뭇가지 디퓨저'
판매처: 알코올, 공병, 나뭇가지,
좋아하는 향수, 알코올,
공병

사계절의 향기

① 공병과 에탄올 100ml, 좋아하는 향수, 디퓨저 막대(나뭇가지 가능)를 준비합니다.

② 준비된 공병에 향수를 넣습니다.

③ 취향에 따라 강한 향을 원하면 7:3, 은은한 향을 원하면 8:2 비율로 섞어 주세요.

④ 원하는 비율로 에탄올을 넣습니다.

⑤ 비율을 확인한 후 가볍게 한 번 흔들어 주세요.

⑥ 막대를 꽂다 책상이나 창가 등에 놓아 주면 완성입니다.

사계절의 향기

포푸리란 프랑스어로 '발효시킨 항아리'라는 뜻입니다.
주된 재료는 꽃으로, 향이 좋은 식물, 잎, 과일, 껍질, 향료 등을 함께 넣습니다.
말린 꽃을 사용하여 포푸리를 만들어보세요.
내가 좋아하는 꽃과 향수로 향기로운 겨울을 담아보세요.

겨울, 포푸리 만들기

'포푸리'
매쉬주머니, 말린 꽃, 오일, 좋아하는 향수

사계절의 향기

① 포푸리 만들기 세트와 좋아하는 향수, 오일을 준비해 주세요.

② 주머니에 원하는 꽃과 나뭇가지들을 넣어주세요.

③ 오일을 준비하셨다면 나뭇가지 또는 넓은꽃잎에 2-3방울 떨어뜨려주세요.

④ 끈으로 묶어주서 오.

⑤ 향수를 준비하셨다면 완성된 주머니에 4~5번 분사해주세요.

⑥ 각 주머니에 좋아하는 오일과 향수를 뿌린 후 여러가지 향을 섞으면 완성입니다.

새로운 취미 찾기

활동 목표

- '솜씨당', '클래스101' 등의 취미 활동 어플을 살펴본다.
- 마음에 드는 활동을 골라 체험해본다.
- 새로운 취미를 찾아 일상에 행복을 더한다.

활동 자료

- 솜씨당 플랫폼
- 클래스 101 플랫폼

활동 내용

- QR코드를 카메라에 인식하여 플랫폼 방문하기
- 다양한 취미 활동을 살펴보기
- 오프라인, 온라인으로 새로운 취미 찾기

새로운 취미 찾기

내가 좋아하는 것을 생각하며 새로운 취미를 찾아보세요.
나만의 취미를 통해 일상의 행복을 누려보세요.

〈솜씨당〉
다양한 원데이 클래스를 소개시켜주는 어플

〈클래스101〉
다양한 취미 구독 서비스가 포함된 어플

취미 활동 플랫폼을 사용하여
새로운 취미를 찾아볼까요?
오프라인과 온라인에서 내가 고른 취미를 즐겨보세요.

플랫폼을 통해 즐겨도 좋고, 소개된 취미들을 참고하여
새로운 취미를 찾아볼 수도 있습니다.

나만의 취미를 즐기며 일상에 행복을 채워보세요.

새로운 취미 찾기

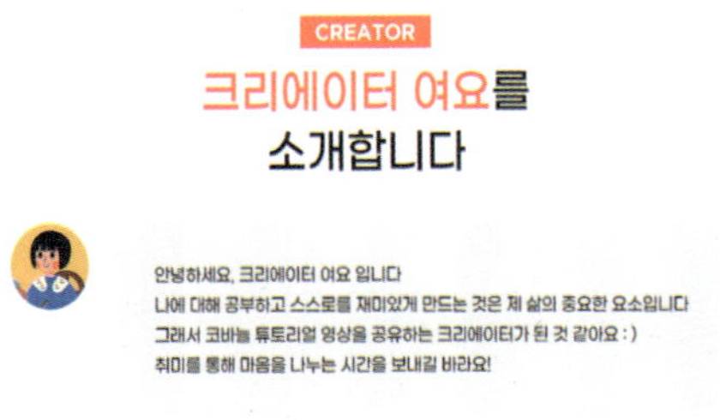

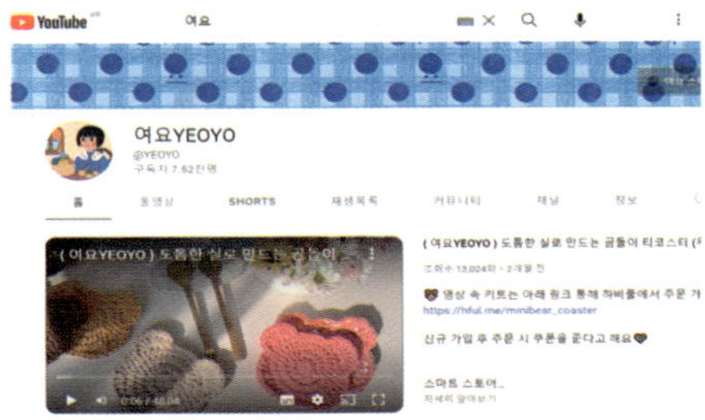

유튜브 여요 (https://www.youtube.com/@YEOYO)

크리에이터 '여요'를 소개합니다.
다양한 뜨개 영상을 보며 배울 수 있습니다.

텐바이텐 하비풀 (https://c11.kr/19xsx)

텐바이텐은 다양한 취미 활동 제품을
구매할 수 있는 사이트입니다.
텐바이텐 사이트에서 '하비풀'을 통해 다양한 취미를 즐겨보세요.

새로운 취미 찾기

클래스101 취미 강좌 예시

밖으로 나갈 필요 없이 집에서 준비물도 구매하고
내가 원하는 시간에 원하는 종류의 취미생활을 할 수 있습니다.

그림, 악기, 만들기, 다이어트 등
다양한 카테고리의 취미를 즐길 수 있습니다

새로운 취미 찾기

솜씨당 취미 강좌 예시

가격: 약 30,000원

가격: 약 20,000원

가격: 약 30,000원

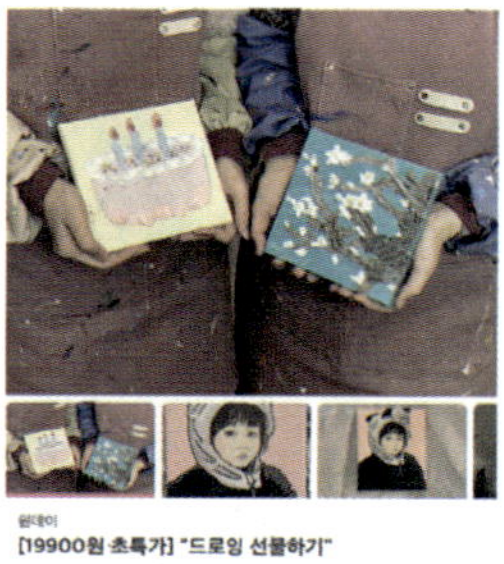

가격: 약 20,000원

가격: 약 30,000원

가격: 약 30,000원

집 근처는 물론 어디든 원하는 곳에서 선생님을 만날 수 있습니다.
랜선 선생님이 아닌 실제 선생님이 취미활동을 지도해 주시기 때문에
누구든지 배워서 취미를 즐길 수 있습니다.

새로운 취미 찾기

취미 사다리 타기를 통해서 나에게 맞는 취미활동을 알아보세요.
'NO' 혹은 'YES' 중 하나를 선택하여 다음 질문으로 넘어갑니다.
번호에 대응하는 취미활동은 다음 페이지에서 확인할 수 있습니다.

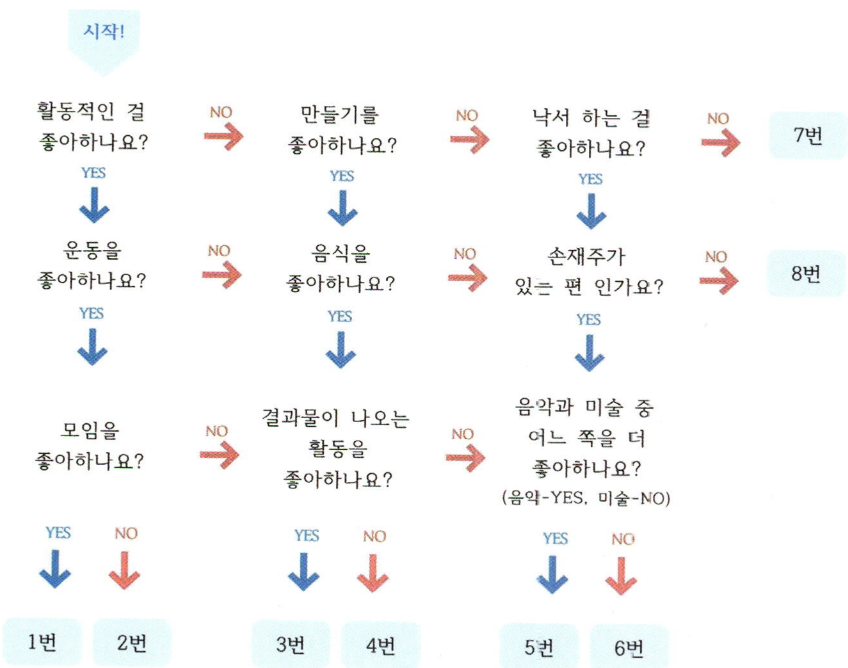

사다리타기 결과: ____________ 번

새로운 취미 찾기

사다리타기를 통해 번호를 찾으셨나요?
변호에 해당하는 취미활동을 살펴보고, 활동이 마음에 든다면 취미생활을 시작해 보세요!

1번
자전거, 마라톤,
배드민턴, 댄스 스포츠

2번
요가, 런닝,
필라테스, 헬스

3번
홈베이킹, 요리,
요리 블로그 운영하기

4번
맛집탐방, 카페투어

5번
피아노, 우쿨렐레,
기타 등 악기 연주

6번
미니어처 만들기,
피포페인팅, 컬러링북

7번
실링왁스, 독서,
영화감상, 가벼운 산책

8번
사진앨범 만들기,
다이어리 일기 꾸미기
일상 블로그 운영하기

새롭게 알게 된 나의 취미는 무엇인가요?

영유아교육기관 적용사례

당신의 마음에 이름을 붙인다면

서로의 마음을 나누는 의미 있는 시간이었습니다. 걱정을 나누고 기도하는 가운데 마음의 평안이 찾아왔어요.

활동을 통해 선생님들과 이야기를 나눌 수 있는 시간이 생겨 좋았습니다. 걱정을 나누는 것이 뜻깊었습니다.

평소에는 서로 알지 못했던 생각, 걱정거리들을 나눌 수 있었고, 동료들을 위해 함께 공감하고 고민하며 주님께 드릴 기도 제목이 생겼다는 것에 감사한 시간이었다.

그림책을 읽고 나누며 선생님들마다 느끼는 감정에 대해 알 수 있었으며 색을 통해 나의 내면의 감정을 알 수 있어 좋았습니다. 선생님들마다 갖고 있는 걱정에 대해 나누며 기도할 수 있는 시간이 되어 좋았습니다.

힐링 프로그램은 교사들 각 개인의 살아가는 이야기들을 듣고 공감하고 함께 걱정해주는 시간을 통해 아이들을 사랑하고 보육하는 선생님들 한 분 한 분이 얼마나 존귀하고 소중한 분들인지 알게 되는 귀한 시간이었다.

또한 느끼는 감정을 지나치지 않고 들여다보아 주면서 스스로를 청길 수 있는 시간으로 보육하는 아이들의 감정도 지나치지 않고 들여다보아줄 수 있는 교사가 되어야겠다고 생각하는 계기가 되었다.

- 교사들이 함께 모여 '감정, 걱정'이란 주제로 얘기하는 것이 얼마나 특별한 시간이 될 수 있었는지 느꼈다. 그림책을 보며 쉽게 내면의 공감을 얻은 사람도 있었고, 또 공감된 단어가 없었지만, 그 말에는 공감이 되는 단어를 만나고 싶단 마음도 숨겨져 있을 거란 생각이 들었다. 색깔 심리테스트 후 자신이 가지고 있던 걱정을 얘기하는 모습을 보며 하나님이 마음 안에 있는 사람들은 서로의 선함을 믿고 자신의 걱정을 두려움 없이 말하고, 그 걱정이 기도 제목이 되어 서로 긍휼과 공감을 통해 서로 위로를 할 수 있음이 너무나도 뜻깊었고 인상 깊었다. 이 시간이 예수님께서 교회를 통해 이루신 사랑의 교제가 어린이집에서도 이루어짐을 깨닫고 난 후 오늘까지 함께 얘기를 나눈 교사들에게 기도의 소망이 꺼지지 않게 되어서 내 삶이 보다 풍성해졌음을 이야기하고 싶다.

- 처음에는 내 속에 있는 생각을 바깥으로 꺼내어 다른 사람에게 말한다는 것에 대해 어색하기도 하고 그 안에서 진실된 교제를 나누기란 어려운 일이라고 여겨졌다. 그러나 교사들과 함께 이야기를 나누는 과정 속에서 자연스럽게 고민과 걱정거리들을 나누며 마음이 편안해지는 나의 모습을 보게 되었다. 또한 평소에는 잘 알지 못했고 생각하지 못했던 다른 사람의 생각을 알게 되었고, 이를 통해 하나님께서 우리를 하나로 모으고 서로를 위해 기도하며 위로하는 시간을 주셨다는 생각이 들었다. 또 연수가 끝나고도 지금까지 선생님들의 고민과 걱정거리들을 두고 중보기도를 하는 나의 모습을 통해 감사한 마음을 가지게 되었다.

본 힐링프로그램에 참여해주신 상계5동보듬이나누미어린이집 김화영 원장님과 교사들에게 감사드립니다.

세 번째 여행 : 평온한 일상 회복하기

마음 챙기기

- 나를 위한 허브티
- 아로마 오일 만들기
- 나의 작은 정원

평온한 일상 회복하기

- 감사한 하루
- 나의 버킷리스트
- 자연을 담은 앱

내 마음의 행복 찾기

내 마음

글 · 그림 천유주
출판사 창비
출판일 2015-02-05

세상에 혼자인 것 같은 기분이 드는 한 아이가 자신의 마음을 들여다보면서 다시 기운을 찾아갑니다. 다른 사람의 칭찬이 없어도 풀꽃은 예쁘게 피고, 누가 올려다봐 주지 않아도 하늘은 푸르게 펼쳐진 것처럼 우리의 마음도 있는 그대로 소중하다는 것을 느껴볼 수 있는 이야기입니다.

삶을 살아가면서 내 마음을 깊이 들여다본 적이 있으신가요?

즐거운 마음, 서운한 마음, 도와주고 싶은 마음,
사랑받고 싶은 마음…

수많은 마음들이 끊임없이 생겼다가 사라지고 있지만
미처 눈치채지 못한 때가 많았을 것입니다.

그냥 흘려보내 버린 내 마음을 들여다볼까요?
어루만져줄 필요가 있는 마음도 있겠지요?

나를 위한 허브티	– 나에게 필요한 허브티를 찾아본다. – 허브티를 마시며 여유로움을 느껴본다.
아로마 오일 만들기	– 나를 위한 아로마 오일을 만들어본다. – 아로마 오일로 건강 마사지를 해본다.
나의 작은 정원	– 나의 반려 식물 정원을 생각해 본다. – 나의 작은 반려 식물 정원을 만들어본다.

『내 마음』

제목: 토닥토닥 내 마음

'터벅터벅 학교에서 돌아오는 길' 무슨 일이 있었던 것인지 발걸음이 무거워 보이네요. 비둘기, 자전거 탄 친구, 개를 찾는 아이, 책, 푸른 하늘… 잠시 멈추고 주변을 보고 느끼고 생각합니다. 글로 설명하지 않아도 아이의 표정 하나, 몸짓 하나로 아이의 마음이 전달되네요.

마지막 장면에서 씩씩하게 걸어가는 주인공 소년의 가방에 인형이 달려있죠? 소년의 가방에 처음부터 이 인형이 달려있었을까요? 이 인형은 마치 소년의 마음을 그대로 말해 주는 것 같습니다. 머리 모양이며 줄무늬 옷까지 인형과 소년의 모습은 많이 닮아 있어요. 줄곧 무표정이었던 인형의 얼굴은 가방에 매달렸을 때 씩 웃고 있어요. 한 손은 '안녕!'이라고 말하는 듯 흔들고 있고요. 이제 소년도 인형도 혼자가 아니네요.

그런 날 있죠? 무얼 해도 일도 마음도 안 풀리는 날, 세상에 나만 홀로 뚝 떨어져 버린 것만 같은 그런 날… 퇴근하는 날 가만히 '내 마음'을 들여다보세요. 내 마음이 쓸쓸하거나, 억울하거나, 원망스럽거나, 비참해도 그냥 내 마음을 들여다보세요. 선생님들은 혼자가 아닙니다. 나를 너무나 사랑하는 사람들이 우리 곁에 있잖아요.

하늘을 한 번 올려다보세요. 자, 이제 맛있는 음식 먹으러 갈까요?

01 커피소년의 〈내가 니편이 되어줄게〉 노래를 들어볼까요? 나에게 해 주고 싶은 가사를 써 볼까요?

02 누군가 내 편이 되어주는 것도 정말 좋지만, 가장 먼저 내가 내 편이 되어주는 건 어떨까요? 힘들게 하루를 보낸 나에게 위로의 편지를 써 보세요

To ___________

나를 위한 허브티

활동 목표

- 나에게 필요한 허브티를 찾아본다.
- 허브티를 마시며 여유를 느낀다.

활동 자료

- 허브티, 따뜻한 물, 컵
- 허브티 설명서

활동 내용

- 다양한 허브티에 대해 알아보기
- 자신이 좋아하는 허브티 고르기
- 자신의 취향에 맞는 허브티 마시기

나를 위한 허브티

차는 세계에서 가장 많은 사람들이 즐기는 건강 음료 중 하나입니다.
과거 동양과 서양에서는 약 대신 차 한 잔으로 몸과 마음을 치료했다고 합니다.
차는 항산화제와 미네랄, 비타민이 풍부하여 몸을 건강하게 만들 뿐만 아니라 마음의 휴식과 회복을 돕습니다.

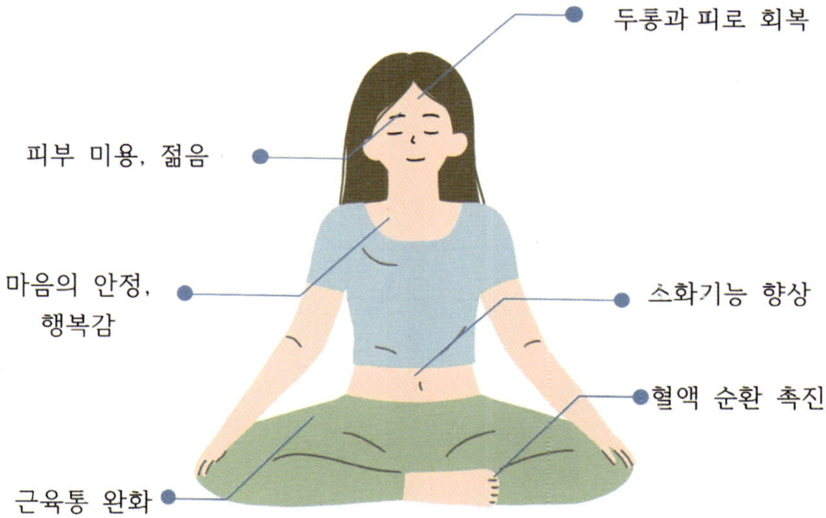

오늘 나의 몸과 마음의 상태는 어떤가요?

나를 위한 허브티

오늘 하루를 보내며 나의 몸과 마음의 상태가 어떠했는지 생각해 보세요.
나의 몸과 마음의 회복을 위해서 어떤 티가 필요한지 찾아볼까요?

마음 안정 행복, 젊음	두통과 피로 회복	소화기능	혈액 순환 근육통

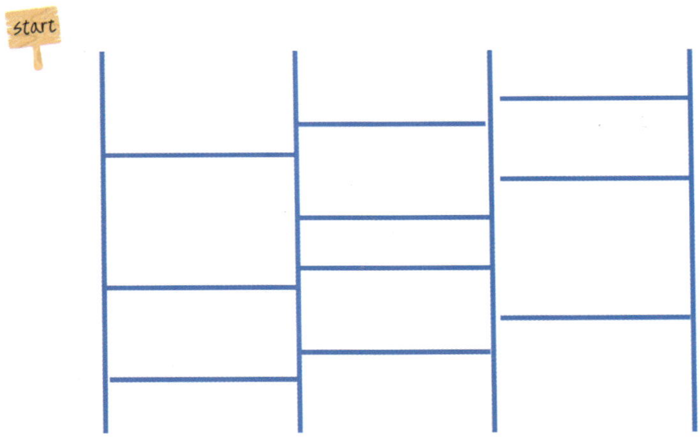

라벤더 캐모마일 페퍼민트	로즈 로즈힙 쟈스민	보리차 옥수수차 페퍼민트	녹차 현미 녹차 쟈스민

오늘 나에게 필요한 티가 무엇인지 찾으셨나요?

나를 위한 허브티

허브티는 여러 가지 효능을 가지고 있습니다.
다양한 허브티의 특성과 효능을 알아보고 나를 위한 티를 찾아볼까요?

라벤다

*특징 – 풍성하고 달콤하면서도 강한 꽃 향
*효능 – 현대인의 스트레스, 두통, 불안, 불면증 개선과 피로회복에 효과가 있다.

로즈

*특징 – 우아하고 부드러운 장미 향
*효능 – 신경성 설사를 완화시키며, 생리 불순, 여성 호르몬 밸런스를 맞춰주고, 피부 미용에도 좋다.

쟈스민

*특징 – 달콤하고 관능적인 향
*효능 – 심리적 진정, 냉증, 스트레스성 위통, 우울증에 효과가 있고 행복감을 느낄 수 있다.

캐모마일

*특징 – 은은한 사과 향
*효능 – 긴장 해소, 불면증, 소화 촉진에 효과가 있다. 아이들이 한밤중에 잠을 자지 않고 보채거나 울 때 캐모마일 티를 우유에 타서 주면 효과가 있다.

로즈힙

*특징 – 상큼하면서도 달콤한 향
*효능 – 비타민 C가 풍부하서 '비타민의 보고'로 알려져 있다. 지친 심신에 편안함을 주고, 긍정적인 기분으로 만든다.

나를 위한 허브티

페퍼민트

*특징 – 시원하며 청량한 박하 향
*효능 – 현대인의 스트레스, 두통, 불안, 불면증 개선, 피로 회복, 근육통에 도움을 준다.

녹차

*특징 – 깔끔한 녹차 잎의 담백한 맛
*효능 – 위장 장애, 배의 가스 배출, 충치 예방, 기억력 증가, 식욕 저하 및 다이어트 효과가 있다.

현미 녹차

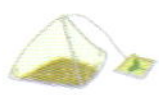

*특징 – 담백한 녹차와 현미의 맛
*효능 – 어지러움, 빈혈, 위궤양, 위통, 입 냄새 제거, 지방분해, 다이어트 효과가 있고 만성염증을 예방한다.

옥수수차

*특징 – 구수한 옥수수 맛
*효능 – 이뇨 작용으로 부기 빠짐, 다이어트, 피부 미용, 신체의 열을 내려준다.

보리차

*특징 – 우리나라 전통 차
*효능 – 피부 결을 곱게 만들어 주며 혈액 순환을 돕는다. 식사 후 음식물 소화를 촉진한다.

나를 위한 허브티

맛있는 티를 우려내 볼까요?
내가 좋아하는 티를 찾아서 우려내 보세요.
따뜻한 티를 마시며 여유로운 마음을 누려보시길 바랍니다.

① 다양한 티 중에 나에게 필요한 티를 고르세요.

② 컵과 180ML 정도의 따뜻한 물을 준비해주세요.
따뜻한 물에 티백을 넣고, 1-2분 정도 끓인 후
티를 우려주세요.

③ 따뜻한 찻잔에 티를 따라 마시면서 여유로운 시간을 누려보세요.

티를 마셔보니 어떠신가요? 마음이 평온해지셨나요?

아로마 오일 만들기

활동 목표

– 나를 위한 아로마 오일을 만들어본다.
– 아로마 오일로 건강 마사지를 해본다.

활동 자료

– 아로마 오일, 공병
– 손 지압 마사지 설명서

활동 내용

- 아로마 오일 향 맡아보기
- 아로마 오일 만들기
- 아로마 오일로 손 지압 마사지하기

아로마 오일 만들기

향기로운 허브 향은 바쁜 일상의 스트레스에서 벗어나 몸과 마음의 안정에 도움이 됩니다.
그날의 기분과 상황에 맞게 허브 테라피를 즐겨보세요.

오늘 하루도 바쁜 일상을 살아내느라 애쓰셨지요?
향기로운 허브 테라피를 통해 마음의 평안을 누려보세요.

아로마 오일 만들기

오늘 하루를 지낸 나에게는 어떤 허브 테라피가 필요할까요?
나에게 맞는 허브 테라피를 찾아보세요.

아로마 오일 만들기

일상 속에서 자신에게 필요한 허브 테라피를 활용해 몸과 마음의 평안을 누려보세요.
오늘 하루를 지내면서 나의 몸과 마음의 상태가 어떠했는지 생각해 보세요.
그리고 나에게 필요한 향기로운 아로마 오일을 만들어보세요.

아로마 오일 만들기

동그라미 모양을 잘라낸 후 고리를 걸어 카드처럼 만들어보세요.
일상에서 마음의 안정을 얻고 싶을 때 언제든 사용하세요.

아로마 오일카드

아로마 오일 만들기

나를 위한 아로마 오일로 손 지압 아로마 테라피를 해보세요.
오늘 하루 지친 나의 몸과 마음이 회복될 것입니다.

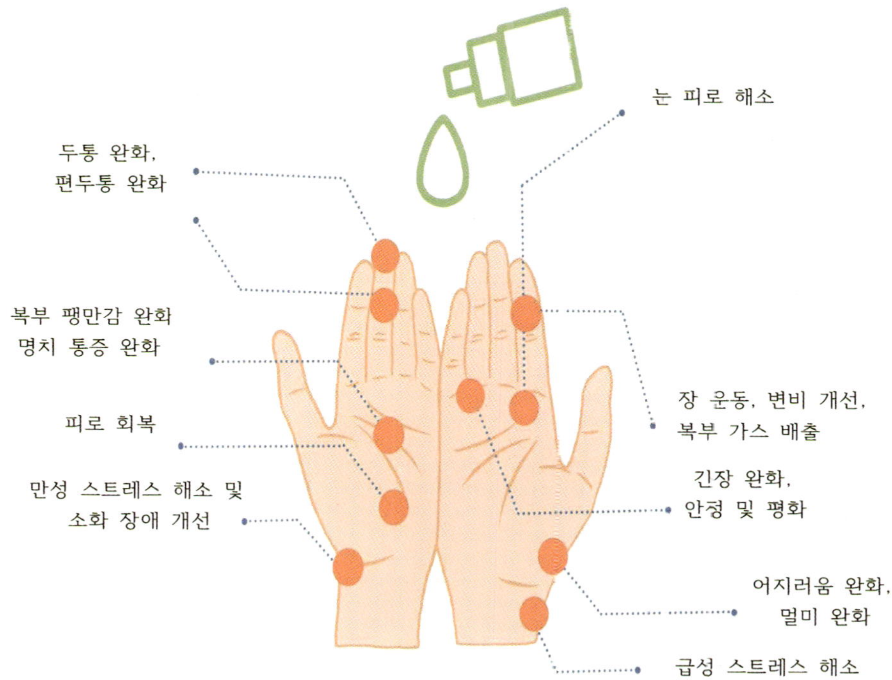

아로마 오일 한 방울 정도를 손바닥에 떨어뜨린 후 1분 정도
손 지압을 해보세요. 지압 후 몸과 마음이 나아지셨나요?

나의 작은 정원

활동 목표

- 나의 작은 정원을 만들어본다.
- 나의 작은 정원에서 일상에 지친 마음을 보살핀다.

활동 자료

- 반려 식물, 반려 식물 유형에 따른 꾸미기 재료
- 나의 작은 정원 만들기 영상

활동 내용

- 내가 만들고 싶은 작은 정원에 대해 알아보기
- 반려식물로 나의 작은 정원을 만들고 가꾸기

나의 작은 정원

나의 작은 정원에서 작은 식물을 직접 키워보려고 합니다.
탈란드시아와 탈란시아를 직접 가꾸어보며 여유로움과 안정감을 느껴보세요.
사랑을 가득 담아 나만의 작은 정원을 만들어보세요.

자 이제 눈을 감아보세요. 어떤 정원이 그려지시나요?

나의 작은 정원

"나의 작은 정원 만들기"는 먼지를 먹는 탈란드시아와 탈란시아 두 종류의 식물과 다양한 꾸미기 재료를 사용해서 자신의 취향에 맞는 작은 정원을 만드는 것입니다.

탈란드시아와 탈란시아로
나만의 작은 정원을 만들어보세요.

탈란드시아와 자갈을 활용하여
나만의 작은 정원을 만들어보세요.

'탈란드시아는 공기 정화 식물로서
미세먼지를 제거합니다.'

탈란드시아 정원 영상

평온한 일상 회복하기

소중한 봄날

글 · 그림 최은영
출판사 주니어 이서원
출판일 2021-10-01

우리가 경험하는 매일의 일상이 얼마나 소중한지를 보여줍니다. 그림책을 읽으며 나에게 허락된 이 하루가 얼마나 소중하고 감사한지를 느낄 수 있습니다. 일상 속에서 행복을 경험하고, 그 행복을 주위의 다른 사람들과 나누는 시간을 가질 수 있기를 소망합니다.

오늘 하루 어떠한 일상을 보내셨나요?

오늘 하루를 되돌아보면서
감사했던 순간, 행복했던 시간을 떠올려보세요.

오랫동안 기억하고 싶은 가장 소중했던 순간은 언제일까요?

감사한 하루	– 나의 하루를 되돌아본다. – 일상에서의 감사함을 느낀다.
나의 버킷리스트	– 내가 하고 싶은 것에 대해 생각해본다. – 나와 다른 사람에게 기쁨이 되는 일을 찾아본다.
자연을 담은 앱	– 다양한 앱으로 자연을 경험한다. – 자연 속에서 마음의 평안을 회복한다.

『소중한 봄날』

제목: 소소한 일상에서 행복 찾기

따스한 햇살에 몸을 쭈욱 펴고 기지개를 켜게 되는 봄입니다. 겨우내 꽁꽁 얼었던 땅을 뚫고 살포시 고개를 내민 새싹들, 연초록 이파리들, 울긋불긋 작고 어여쁜 꽃들이 마냥 반갑고 고마운 봄입니다. 『소중한 봄날』 그림책을 읽고 가까운 공원이나 숲으로 나가 따사로운 봄볕을 쬐며 봄을 느껴보세요. 봄바람, 봄 내음, 봄 햇살을 우리 마음에 담아볼까요?

코로나19 감염병이 우리 일상을 휩쓸고 지나가면서 사람을 만나거나 악수하는 것조차 조심스러워진 요즈음입니다. 마스크를 쓰고 거리두기를 지속하면서 언택트 문화가 자연스러워졌습니다. 이렇게 살아가면서 사람들의 마음의 거리까지 멀어지게 되는 건 아닌지 두렵지만, 한편으론 그로 인해 우리가 누려왔던 소소한 일상의 고마움을 깨닫고 있습니다.

우리가 일상에서 마음만 먹으면 찾을 수 있는 소소한 행복은 무엇일까요? 너무 멀리 있고, 너무 많은 비용이 들어 이루어질 수 없을 것 같은 바람으로 우울해하기보다는 아주 작은 것, 소소한 일상에서 행복을 찾아보는 건 어떨까요?

'행복은 사라진 후에야 빛을 낸다.'라는 영국 속담을 기억하며 지금, 이 순간 내 곁에 있는 작지만, 소중한 행복의 순간들을 찾고 누릴 수 있기를 바랍니다.

01 일상에서 작고 소중한 행복을 찾아보세요.

행복은 언제 어디서 어떻게 다가올까요? 나에게 행복을 주는 것들을 생각해 보세요.
행복을 주는 것들을 채우면서 차츰차츰 더 행복해지길 바랍니다.

내가 가장 좋아하는 것

나를 설레게 하는 것

사랑한다고 말해주고 싶은 사람

나의 가장 친한 친구에게
"해 주고 싶은 말"

나에게 가장 힘이 되는 말

감사한 하루

활동 목표

- 나의 하루를 돌아본다.
- 일상에서의 감사함을 느낀다.

활동 자료

- 핸드폰 또는 펜
- 감사일기장 어플 또는 감사일기장 활동지

활동 내용

- 오늘 하루 감사함을 느꼈던 순간 떠올리기
- 감사일기장 작성하기
- 앞으로 어떤 마음으로 살아갈지 다짐하기

감사한 하루

만약에 없었더라면...
거저 받은 무언가가 없는 삶을 상상해보며, 지금 가진 것에 감사한 마음을 가져보세요.

시간은?

소요되는 시간은 15분
① 매주 다른 긍정적인 사건에 초점을 맞춰보세요.
② 일주일에 한 번 시간을 내어 이 연습을 해보세요.
③ 원하는 시간에 언제든 이 연습을 해보면 좋을 거 같아요.

활동이 왜 필요할까?

① 가지고 있는 것에 대해 감사함을 느끼면 삶이 더 행복해지고 건강해진다고 합니다.
② 감사한 마음을 느낄 수 있는 일을 찾아보세요.
③ 감사함을 느꼈던 것의 부재를 가정해 본다면 자신의 삶에서 그 감사함을 더 절실히 느낄 수 있을 것입니다.

감사한 하루

활동 방법은?

① 성취, 여행과 같은 인생의 긍정적인 경험에 대해 생각해 보세요.
② 긍정적인 일을 경험했던 시간, 그것을 가능하게 한 상황과 여건을 적어봅니다.
③ 긍정적 사건이 전혀 발생하지 않았을 가능성을 생각해 봅시다.
(예 맛있는 간식이 나오지 않았다면 어땠을까?)
④ 긍정적 사건이 실제 일어났음을 상기하고, 감사함을 느껴봅니다.

효과는?

① 우리 삶에서의 긍정적인 경험이 그저 당연하게 주어지는 것으로 생각하는 경향이 줄어들 것입니다.
② 거저 받은 것에 감사함을 느끼게 될 것입니다.
③ 현재 상황을 감사하게 볼 수 있는 관점의 변화를 경험하게 될 것 입니다.

감사한 하루

탈무드에는 이런 말이 있습니다.
"세상에서 가장 현명한 사람은 배우는 사람이고, 가장 강한 사람은 자신을 이기는 사람이며, 가장 행복한 사람은 항상 감사하는 사람이다."
감사란 주어지는 것이 아닌 우리 스스로가 적극적으로 찾아야 하는 것입니다.
그동안 놓치고 지나쳤던 감사한 일들을 오늘부터 찾아봅시다.

감사일기 쓰는 방법

1. 오늘의 삶을 돌아봅니다.
2. 매일 감사한 일을 3~5가지 적습니다.
   돌아보면 감사할 일이 없는 날이 없습니다.
3. 감사 일기를 작성합니다.
4. 감사하는 마음을 표현하는 것이 중요합니다.

감사한 하루

오늘 하루 감사함과 행복함을 느꼈던 순간은 언제인가요?
감사함과 행복함을 느꼈던 순간들을 적어보세요.
앞으로 삶을 살아가면서 행복하고 즐거운 순간들이 더 많아지면 좋겠습니다.

어플로 오늘 나의 감정과 소중한 일상의 기억들을 남겨보세요.

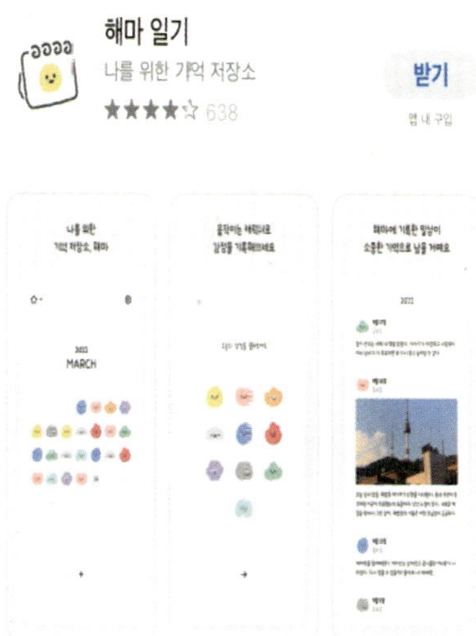

감사영수증 어플

해마 어플

나의 버킷리스트

활동 목표

- 이루고 싶은 꿈을 구체적으로 생각해본다.
- 꿈을 이루기 위해 노력하면서 행복을 느낀다.

활동 자료

- 영화 버킷리스트 영상, 버킷리스트 활동지

활동 내용

- 버킷리스트 영화 감상하기
- 나의 버킷리스트 작성하기
- 버킷리스트를 채워가면서 행복하기

나의 버킷리스트

버킷리스트는 죽기 전에 꼭 해보고 싶은 일을 적은 목록입니다.

버킷리스트를 적어보면...

1. 자신이 좋아하는 것을 발견할 수 있어서 자신이 어떤 사람인지 아는 데 도움이 됩니다.
2. 삶의 방향성을 알려주기 때문에 삶의 방향과 속도에 대하여 돌아볼 수 있습니다.
3. 이룰 수 없는 막연한 꿈이 아니라, 이룰 수 있는 구체적인 꿈에 도전하고 이루면서 행복해질 수 있습니다.

영화 '버킷리스트'

"인생에서 기쁨을 찾았는가?"
"당신의 인생이 다른 사람들을
기쁘게 해주었는가?"
영화 〈버킷리스트〉 대사 중

영화 〈버킷리스트〉 리뷰
출처: https://youtu.be/kCd2_r55YLA

우리의 버킷리스트는 현재 진행형인가요?
진정으로 '하고 싶은 일', '즐거운 일'이 무엇인지
찾아보고 실행에 옮겨볼 수 있기를 바랍니다.

나의 버킷리스트

버킷리스트를 작성해보신 적이 있으신가요?
버킷리스트를 작성하며 내가 꼭 하고 싶은 일, 내가 꼭 가보고 싶은 곳을 적어보세요.
일정 기간을 정하고 내가 얼마만큼 이루었는지도 체크해보세요.

버킷리스트를 실행했을 때 행복해할 나의 모습을
상상해보면서 버킷리스트를 작성해보세요.

NO.	확인	내용
1	☐	
2	☐	
3	☐	
4	☐	
5	☐	
6	☐	
7	☐	
8	☐	
9	☐	
10	☐	
11	☐	
12	☐	
13	☐	
14	☐	
15	☐	

버킷리스트

자연을 담은 앱

활동 목표

- 휴대전화 앱을 활용해 다양한 자연을 느낀다.
- 시 · 공간의 제약을 받지 않고 아름다운 사계절을 경험한다.

활동 자료

- 휴대전화
- 분위기 앱, 태양의 숲 앱, STELLARIUM 앱, 숲누림 앱

활동 내용

- 자연의 소리를 들을 수 있는 앱 찾아보기
- 가상 식물 키우는 앱 찾아보기
- 자연을 직접 경험하는데 도움이 되는 앱 찾아보기

자연을 담은 앱

사진 속 자연에서 어떤 소리가 들릴 것 같나요?
좋아하는 자연의 소리가 있나요?

출처: Pexels

어떤 자연의 소리를 듣고 싶나요?

자연을 담은 앱

바쁜 일상으로 자연을 만나기가 어려우시지요?
자연을 경험할 수 있는 무료 앱을 소개해드립니다.
자연을 느끼며 마음의 평안을 회복하시길 바랍니다.

1. 분위기 앱
- 편안한 자연의 소리입니다.
- 많은 자연의 소리, 음악 및 전통 악기 소리를 혼합할 수 있습니다.

2. 태양의 숲 앱
- 태양의 숲 게임에서 먼지 털기, 음악 들려주기를 통하여 반려 식물을 키울 수 있습니다.
- 태양광 에너지로 숲을 조성하며, 실제 나무 심기에 기부되는 환경 보호 앱입니다.

3. STELLARIUM 앱
- 스마트폰으로 하늘을 가리키기만 하면 몇 초 안에 별, 별자리, 행성, 혜성, 위성 및 전체를 식별할 수 있습니다.
- 밤하늘을 탐험하는 무료 앱입니다.

4. 숲 누 림 앱
- 나의 스트레스 지수에 따른 숲을 찾아서 14가지 조건에 맞는 휴양림 및 숲을 예약하여 방문할 수 있습니다.
- 선택한 휴양림들을 지도에 올려서 거리를 가늠할 수 있습니다.

영유아교육기관 적용사례

소중한 봄날

- 평소 쉽게 생각해 보지 못하는 감사한 일들에 대해 감사 일기를 통해 하루에 하나 이상씩 감사한 일을 생각해 보며 감사하는 마음을 가지는 시간을 가질 수 있어서 좋았으며, 앞으로도 지속적으로 실천해 보면 좋을 것 같음. 버킷리스트를 써보며 앞으로의 삶에 대해 생각해 보고 목표를 세워볼 수 있는 시간이 되어 좋았음.

- 막연했던 나의 소망을 리스트로 작성해 보니 앞으로의 계획을 함께 고민해 볼 수 있었고, 이것을 이뤄내기 위해 하루하루를 더 열심히 살아야겠다는 생각을 했습니다. 또한 감사 일기를 작성하면서 복잡했던 감정들을 '감사'라는 말로 매듭짓는 느낌이 들어 좋았습니다.

- 평소에는 그냥 지나칠 수 있었던 부분들을 힐링 프로그램을 하며 사소한 것에 감사함을 느낄 수 있었던 시간이었다. 이번 기회로 매일 일상을 보내며 감사한 마음을 하루에 하나씩 꼭 가질 수 있도록 하면 좋을 것 같다는 생각을 함.

- 하루의 감사한 일과 버킷리스트를 적는 힐링 프로그램을 나누며 선생님들과 서로의 생각을 더욱 깊게 나누는 시간을 가질 수 있어서 좋았습니다. 이야기했던 것처럼 학기 시작에 일 년 동안의 개인적인/학급 내에서의 버킷리스트를 적고 다시 함께 되돌아보는 시간을 가지면 좋을 것 같아요!

BUCKET LIST

본 힐링프로그램에 참여해주신 고산마루어린이집 김민정 원장님과 교사들에게 감사드립니다.

에필로그: 여행을 마치며

지친 마음으로, 그렇지만 각자의 자리에서 회복의 소망을 안고 여행을 함께 한 선생님들의 이야기를 들어보았습니다. 이런저런 일들로 아직 상처가 다 아물지 않아 여전히 마음 한구석의 멍이 완전히 가시지는 않았을지라도 스스로를 보듬고 위로하며 내일을 기대하는 모습을 보게 되었습니다. 차츰차츰 나아지겠지요. 포기하지만 않는다면 천천히 한 걸음씩 앞으로 나아갈 용기를 분명히 다시 낼 수 있을 것입니다.

지붕 위나 길모퉁이, 어디에 있든 노란 꽃을 활짝 피우는 민들레의 모습을 보며 내 자신의 가치와 소중함에 대해 생각해 볼 수 있었다. 사실 그동안 바쁜 일상과 많은 역할로 인해 내 마음을 들여다보지 못한 삶을 살았던 나에게 미안한 마음이 먼저 들었다. 여유롭게 나를 돌아볼 수 있는 시간이 없었기에 어쩌면 핑계일 수 있지만 나를 잃어버리고 정해진 패턴대로 그냥 물 흘러가듯 살고 있었고 다른 사람들의 시선과 평가를 의식해서 내 마음에 준 상처들은 그대로 곪어가고 있었다(S어린이집 교사a).

이렇게 누군가 자신이 화가 난다고 해서 나에게 부정적인 감정을 여과 없이 드러내고, 그로 인해 다치고 속상한 나의 마음은 어디에서도 위로받지 못한 채, 그저 부족한 나를 탓하며, 그 부모님을 이해하며 위로해야만 하는 상황이 쉽지 않다. 그때 그 순간의 여러 가지 감정은 '상처'가 되었고, 그 상처는 아물지 못하고 켜켜이 쌓여가고 있다. (중략) 이런 마음을 달래줄 방법이 필요하다는 것도 알게 되었다. 주말엔 다시 동생과 뒷산에 올라 산책하러 가기 시작했다. 작은 운동기계도 장만했다. 친구를 만나기도 했다.

아직 어떤 그 상처들은 남아 있다. 그러나 그 상처만을 회상하며 살지 않을 것이다.

아이들과 더 많이 웃을 것이다.
좋은 부모님들에게 감사할 것이다.
그러다가 좋지 않은 부모님들도 언젠가 사랑할 것이다.

활동을 처음 접할 때, '안녕… 나의 마음…'이었던 마음에 대한 인사가 '안녕! 나의 마음^^' 할 수 있게 되었다(S어린이집 교사b).

누구나 삶을 살아가는 여정에서 힘들고 어려운 일들을 무척이나 많이 만나게 될 것입니다. 한 사람으로, 그리고 어린 영혼을 보듬어 가르치는 교사로 감당해야 할 그 몫을 그저 묵묵히 감당해 내야겠지요.

이번 2학기가 행복했는지에 대해 대답하라고 하면 '아니다'일 것이다. 그러나 1학기에 비해 행복해졌는가에 대해 대답한다면 '그렇다'일 것이다. 일반적인 경우에는 작은 어려움들 앞에서도 금방 털어내고 일어날 수 있지만, 나의 경우에는 이제야 보이기 시작한 행복 사이에서 또다시 어려움들이 찾아오자 더 쉽게 무너지고 더 오래 멈춰 서 있었다. 눈물은 줄었지만 그만큼 우울감이 깊어지던 시간이었다. 자꾸만 위축되고 스스로를 잃어가는 시기를 보내면서도 '한 번 더 해보자, 일어나보자'라고 마음먹으며 주어진 모든 상황에서 최선을 다할 수 있었던 건 작지만 확실한 행복을 찾는 연습을 해왔기 때문이라고 생각한다. 우울과 불안 등 각종 어려움이라는 터널에서도 나의 행복이라는 빛을 보면 우리는 나아갈 수 있다. 끝이 없을 것 같은 긴 터널에서도 끝은 있기 때문이다. 그래서 나도 무력함이 찾아올 때 내가 즐겁고 행복했던 일들을 떠올리며 감정을 내려놓고 쉬어갈 수 있었다. 물론 친구들의 포용과 위로를 통해서도 따뜻함을 느끼며 다시 도전할 수 있었다.

앞으로도 힘들고 어려운 순간들은 넘쳐날 것이다. 그러나 프로젝트를 통해 배운 게 있다면 그 어려움을 어떻게 이겨내느냐, 어떤 태도로 마주하느냐에 따라 나에게 다가오는 힘듦의 크기가 달라진다는 것이다. 우울을 방패 삼아 숨어있으면 아무것도 달라질 것이 없다. 이겨내고 도전하는 태도로 마주해야만 나는 앞으로 나아갈 수 있다. 반복되는 일상에서 갑자기 나타난 하나의 사건으로 여기고 가볍게 넘길 수 있도록 앞으로 내면을 더 많은 행복으로 가득 채워야겠다(프로젝트 참여자a).

> 프로젝트에 참여하기 이전에는 '나는 행복해야 해!, 행복해지기 위해서 무언가 꼭 해야 해!'라고 생각했었다. 그래서 끊임없이 움직이려고 애썼던 기억이 난다. (중략) 하지만 요리를 할 때 행복하고, 가족과 시간을 보낼 때 행복하고, 맛있는 음식을 먹을 때 행복하다는 등의 다양한 이야기를 나누며 내가 그동안 일상에서의 소소한 행복을 놓치고 있었다는 것을 알게 되었다. (중략) 프로젝트를 통해 변화한 점이 있다면 행복에 대한 강박을 조금 내려놓게 되었다는 것이다. 특별히 무언가를 하지 않아도 충분히 행복하다는 것을 느끼게 되었다. 프로젝트를 통해 나에게도 이런 변화가 생겼다는 것에 감사하다(프로젝트 참여자b).

어려운 시대를 살아가는 교사들과 함께 이 여헝을 함께 할 수 있어서 감사했습니다. 다음 세대를 가르치고 돌보느라 온 힘을 다하고 있는 선생님들이 주어진 시간을 기뻐하며 살아가는 선한 교사로 설 수 있기를 소망합니다. 우리에게 주어진 선물 같은 은총을 헤아리며 감사할 수 있으면 좋겠습니다. 우리의 곁에 함께 있는 가족, 친구, 동료 교사들과 함께 행복을 찾는 다음 여행을 곧 떠날 수 있기를 바라며 기대합니다.

저자 소개

김정원

현 한국성서대학교 영유아보육학과 교수

전 이화여자대학교 사범대학부속 이화유치원 교사

한국성서대학교 어린이집 원장

유치원 교사로, 어린이집 원장으로 교사들을 만나왔습니다. 현재 미래의 영유아교사들과 함께 지내며 우리나라의 모든 교사들이 하루하루 더 행복해지기를 바라고 있습니다.

정나나

현 서울테크어린이집 원장

전 삼성서울병원 어린이집 교사

노원구육아종합지원센터 보육지원팀장

국공립 늘사랑 어린이집 원장

행복은 멀리 있는 것이 아니라 가까이에 있다는 것을. 다만 그쪽으로 손을 내뻗은 사람만이 행복을 만질 수 있다(안톤 슈낙)'. 오늘도 행복을 위해 손을 뻗는 모든 영유아교사들이 그림책 여행을 통해 더 행복해지길 바랍니다.

나혜영

KTDS 서초 어린이집 교사

교사가 행복해야 영유아들도 행복하게 성장한다고 생각합니다. 잠시 보육에서 벗어나 온전히 나를 위한 시간을 가져보세요. 행복과 평온을 경험하시길 소망합니다.

원유민

한국성서대학교 어린이집 교사

지금 행복하신가요? 우리를 행복하게 해주는 건 그리 멀지 않은 곳에 있을지도 모릅니다. 아이들의 미소에서 동료의 웃음소리에서 소소하지만, 확실한 행복을 발견하시길 바랍니다.

최정안

헬리오다올 어린이집 교사

나를 알고 사랑해야 다른 사람을 이해하고 사랑할 수 있다고 생각합니다. 아이들을 더욱 사랑하기 위해 자신을 알아보고 사랑하는 시간을 가지며 행복을 찾아가시길 바랍니다.

이리안

예비유아교사(한국성서대학교 영유아보육학과)

우리가 살아가는 삶 속에는 밤하늘의 은하수처럼 많은 행복이 존재합니다. 항상 그 자리에 존재하는 은하수처럼 우리 곁에 있는 행복을 발견하는 일상이 되길 소망합니다.

김가람

예비유아교사(한국성서대학교 영유아보육학과)

교사는 자신만큼이나 남을 사랑할 수 있는 능력을 가지고 있지만 가끔은 타인에 대한 넘치는 사랑으로 스스로를 외롭고 상처받게 만들기도 하는 존재라고 생각합니다. 자신을 더욱 사랑하고, 그만큼의 사랑을 줄 수 있는 교사가 되고 싶습니다.

심채은

예비유아교사(한국성서대학교 영유아보육학과)

아이들에게 행복을 주는 교사는 자신의 행복을 챙길 시간도 필요합니다. 누구보다 자신을 아끼고 사랑하는 교사가 되면 좋겠습니다. 마음에 행복함이 가득 쌓이길 소망합니다.

그림책을 활용한 영유아교사 역량강화 프로젝트:

행복한 교육공동체를 위한 교사 힐링 프로그램

초 판 1쇄 인쇄 2023년 5월 12일
초 판 1쇄 발행 2023년 5월 16일

지 은 이 | 김정원 · 정나나 · 나혜영 · 원유민 · 최정안 · 이리안 · 김가람 · 심채은
펴 낸 이 | 김기섭
편 집 인 | 이현남 · 오선율
펴 낸 곳 | 창지사 www.changjisa.com
08589 서울시 금천구 가산디지털 1로 83 파트너스타워 1차 9층
전화 (02)719-2211~3
팩스 (02)701-9386
등 록 | 1977년 4월 28일 · 제1-421호

ISBN 978-89-426-1593-3 (93370)

값 15,000원